अभिनव संस्कृत काव्यशास्त्र

नामवर के नोट्स

अभिनव संस्कृत काव्यशास्त्र

नामवर के नोट्स

प्रस्तुति

शैलेश कुमार

मधुप कुमार

नीलम सिंह

राजकमल प्रकाशन

ISBN : 978-81-267-2684-4

मूल्य : ₹495

पहला संस्करण : 2016

This book is printed on **Print on Demand** Technology : 2025

प्रकाशक : राजकमल प्रकाशन प्रा. लि.
1-बी, नेताजी सुभाष मार्ग, दरियागंज
नई दिल्ली-110 002

शाखाएँ : अशोक राजपथ, साइंस कॉलेज के सामने, पटना-800 006
पहली मंजिल, दरबारी बिल्डिंग, महात्मा गांधी मार्ग, प्रयागराज-211 001
1, अनमोल सोराबजी संतुक लेन, धोबी तलाव, मरीन लाइंस, मुम्बई-400 002

वेबसाइट : www.rajkamalprakashan.com
ई-मेल : info@rajkamalprakashan.com

Abhinav Sanskrit Kavyashastra
NAMWAR KE NOTES
Presented by Shailesh Kumar Madhup Kumar Neelam Singh

स्वाध्यान्प्रमद
नामवर जी के छात्रों के लिए

अनुक्रम

तब अति रहेउ अचेत...

हजारों ख़्वाहिशें ऐसी कि हर ख़्वाहिश पे दम निकले
बहुत निकले मिरे अरमान लेकिन फिर भी कम निकले

मिर्जा ग़ालिब का यह शेर मेरी इस एक ख्वाहिश के लिए एकदम सही प्रतीत होता है। नामवर के नोट्स छपवाने की ख्वाहिश। जे.एन.यू. में मेरा बैच (1991-93) एम.ए. अन्तिम बैच था जिसे नामवर जी ने क्लास रूम में पढ़ाया। मुझे आज तक याद है कि उस समय केदार जी विभागाध्यक्ष हुआ करते थे। उनसे हमने गुजारिश की कि नामवर जी की एक क्लास हमें भी लगा दें। नामवर जी क्लास लेना छोड़ चुके थे क्योंकि एम.ए. पूर्वार्द्ध में हमारे सीनियर बैच को भी कोई क्लास उस साल नहीं मिली थी। केदार जी ने कहा—भाई, नामवर जी की क्लास लेनी है तो मेरी नहीं उनकी ही अनुमति चाहिए। मेरे दोस्तों ने मुझे आगे किया। डरते-डरते मैंने अनुरोध किया, सर हमें काव्य-शास्त्र पढ़ा दीजिए। संस्कृत काव्य-शास्त्र। वे मान गए। उसके बाद के दिन कैसे बीते हमें याद नहीं। प्रत्येक क्लास अपने आप में एक कहानी—एक उपन्यास का मसाला लिये हुए। हमारी कोशिश रही कि कोई भी क्लास मिस न किया जाए। और कोई शब्द भी। आज जब अपनी कॉपी उठाकर देखता हूँ तो लगता है कि कितना कुछ छूट गया था। एक ऐसा सम्मोहन होता था कि कलम चलते-चलते रुक जाती थी। बाद के दिनों में जब मैंने गुरुवर से इसे छपवाने की इजाजत माँगी तो उन्होंने कॉपी देखी और सहमति दे दी। तब से अब तक इसे पुस्तकाकार लाने की तमन्ना मन में लिये घूम रहा हूँ।

इस बार किताब मेले में जब मेरी सहधर्मिणी नीलम की किताब के लोकार्पण के बाद उनसे बातें हुईं तो मुझे जोर की डाँट पड़ी। नीलम को

सम्बोधित करते हुए गुरु जी ने कहा, इनसे नहीं होगा यह। मैंने कहा—गुरुवर पूरी किताब के तौर पर एक साथ लिखना सम्भव नहीं हो पा रहा है। अशोक जी (अशोक महेश्वरी) ने सुझाव दिया कि यदि किताब के रूप में सम्भव नहीं तो 'आलोचना' में क्रमशः आ सकता है। मैंने गुरुवर से बात की और उनकी सहमति के बाद पहली किश्त आपके सामने है।

संस्कृत काव्यशास्त्र के नामवर के नोट्स मेरे छात्र दिनों की जमा पूँजी हैं। नामवर जी ने अपने एक इन्टरव्यू में पश्चिम में छात्रों द्वारा शिक्षकों के नोट्स छपवाने का जिक्र किया था। शायद उस आक्षेप का जवाब देने के क्रम में जो उन पर बार-बार न लिखने के लिए लगाया जाता है। गुरुवर के नोट्स छपवाने का विचार मेरे मन में शायद उसी इन्टरव्यू को पढ़कर आया। आज जब यह छपने जा रहा है, इसमें किसी भी गलती को मेरी एवं इसमें जो कुछ सारवान लगे इसे गुरुवर का मानना चाहिए।

आशा है कि गुरुवर को अगले किताब मेले में ये नोट्स किताब रूप में समर्पित कर सकूँगा। इन नोट्स की तैयारी में मेरी सहधर्मिणी नीलम सिंह और साथी-सहपाठी मधुप कुमार का सहयोग भी रहा है, उनका आभार। [*आलोचना अंक-52 में प्रकाशित*]

उपरोक्त संवाद आलोचना में इस श्रृंखला के प्रकाशन आरम्भ होने के समय का है। इसके बाद पुस्तक मेला तो निकल गया पर काम पूरा न हो सका। इस बीच आलोचना में इसकी चार किस्तें प्रकाशित हुईं। मेरी इच्छा थी कि उनके इस जन्मदिन (28 जुलाई, 2016) के अवसर पर यह किताब आ जाए तो गुरुवर से किया कम से कम एक वादा तो पूरा होगा। मैंने मधुप को इसकी भूमिका लिखने के लिए पहले से ही कह रखा था। परन्तु कुछ अपनी आदत और कुछ सांसारिक माया-जाल में विलम्ब हो रहा था। अन्ततः मैंने उन्हें अल्टीमेटम दिया और गुरुवर का वास्ता भी। मेरे विशेष अनुरोध पर वे जौनपुर से दिल्ली आए और नोट्स को एक मुक्किमल किताब की शक्ल देने का श्रेय भी उन्हें ही जाता है। मधुप से निपटना एक अलग किस्म की मानसिकता से ही सम्भव है। किताब की प्रूफ रीडिंग के दौरान हर बार उन्हें लगता था कि कुछ छूट गया है। इस दौरान पाद-टिप्पणियों के संयोजन को लेकर हमारे बीच काफी उठा-पटक हुई। उनका विचार था कि ये टिप्पणियाँ अलग से मेरी वक्तव्य के तौर पर आएँ और मेरा मानना था कि जिस प्रकार

आलोचना में प्रकाशित अंकों में ये टिप्पणियाँ मूल क्लास नोट्स के अंग के रूप में आई हैं उसी रूप में रहने दिया जाए। अन्ततः इस शर्त पर कि भविष्य में इसे परिमार्जित किया जाएगा वे मेरी बात मानने पर सहमत हुए। पाद-टिप्पणियों को मूल रूप से अलगाने के लिए मैंने [*] का उपयोग किया है। समय नजदीक आता जा रहा था और मुझे लग रहा था कि कहीं इस बार भी चूक न जाऊँ। अशोक महेश्वरी जी से विशेष अनुरोध किया और वे रविवार को भी प्रेस खोलने के लिए तैयार हो गए। शनिवार को मधुप और रविवार को हम दोनों संदीप जी के साथ पूरे दिन काट-छांट में लगे रहे। तापस सरकार ने फ्लैप तैयार करने में पूरी दिलचस्पी दिखाई, वैसे फ्लैप को मूल रूप देने का श्रेय सत्यानंद निरुपम को है, जो लिट्टी-चोखा को लेकर कई बार मुझसे उलझ चुके हैं। इस दौरान किताब की प्रूफ रीडिंग और समय-समय पर दिए गए सुझावों के लिए अपनी सहगामिनी नीलम का उल्लेख औपचारिकता लग सकता है परन्तु एक पति के तौर पर मैं जानता हूँ कि अपनी तमाम व्यस्तताओं और घर-परिवार को सँभालते हुए उन्होंने मुझे इस कार्य के लिए मुक्त रखा। अन्त में बस इतना ही कि किताब गुरुवर की है, कलम हमारी। पुनरावृति के बावजूद यह कहना आवश्यक है कि टाइपिंग, प्रूफ या अन्य प्रकार की त्रुटि का सारा भार मुझ पर ही है। कुछ भी सारवान लगे तो वह गुरुवर का है।

—शैलेश कुमार

सर्व विद्यानां निष्यन्दः

1L-422H पाठ्यक्रम संख्या का विषय था—संस्कृत काव्यशास्त्र का परिचय। यह नामवर जी के अध्यापन काल का अन्तिम सेमेस्टर था। कक्षा में अध्यापन की शुरुआत नामवर जी ने अर्थपूर्ण मुस्कान के साथ की—अन्य लोगों ने अपनी पसन्द के विषय छाँट लिए, जो बचा वह मुझे मिला। ...काव्यशास्त्र का अध्यापन रूखा माना जाता है। देखिए बालू से कितना तेल निकल पाता है—यह कहते हुए फिर मुस्कुराए। यह कहने की जरूरत नहीं है कि नामवर जी की सहज मुस्कान भी अर्थपूर्ण होती है (या मान ली जाती है) और अर्थपूर्ण मुस्कान सहजता की नई व्याख्या। वक्ता के रूप में वे गम्भीर विषयों पर जारी विमर्श को साधारण लगनेवाले बोध के द्वारा ध्वस्त कर देते हैं और साधारण सा लगनेवाला संज्ञान गम्भीर विमर्श में बदल जाता है। उनके व्यक्तित्व के इन पहलुओं के बारे में सुना-सुनाया आरम्भिक बोध उस बैच के हम सभी छात्रों को कुछ-कुछ था। लेकिन उनका अध्यापकीय रूप इतना ही नहीं है। अभिनिवेश मुक्त नैसर्गिक व्याख्या के क्रम में वे जिस तरह सूत्र-सूत्र अलगाते हैं—वह कुछ और ही है—*वह चित्तवन औरे कछू जिहिं बस होत सुजान।* सम्भवतः उनकी दृष्टि में क्लास का सबसे कमजोर विद्यार्थी होता है। उनका पढ़ाया जो न समझा, उसे कौन समझा सकता है। इसे हम सभी महसूस करते थे।

नामवर जी के शिक्षक का यह स्वरूप काशी की पांडित्य और लोकोन्मुखी परम्परा की देन है या उनकी ज्ञानराशि का सात्विक तेज—जो अखिल भारतीय संस्कृति बोध से निर्मित हुआ है—यह अलग बात है। आज के विमर्शवादी दौर में नामवर जी के कक्षा-व्याख्यान शास्त्र-निर्माण की भारतीय परम्परा के चिह्न की तरह हैं। इसमें यदि अतिशयता की गन्ध मिले, तो इतना ही कहना है कि कालिदास ने जिसे 'पर्युत्सुकी भाव' कहा है उसे हम सभी ने अनुभव किया—भारतीय साहित्यशास्त्र के स्वरूप के बारे में। खेद है कि इस पुस्तक में सिर्फ नोट्स हैं—सम्पूर्ण व्याख्यान नहीं। टेप करने के विषय में किसी ने

सोचा ही नहीं। कभी प्रभाकर माचवे ने कहा था कि इस देश के विश्वविद्यालय 'ओरल हिस्ट्री' का संग्रहालय बनाएँ तो बड़ा उपकार हो सकता है। हिन्दी का अपना आरकाइब होना चाहिए। इस सन्दर्भ में सन्तोष करने के लिए यही कहेंगे कि अपने देश में शास्त्र और श्रुति परम्परा का आपसी रिश्ता बहुत मजबूत रहा है। वैसे भी सनातन बोध कई स्थितियों का नियामक है।

जिसे अन्त:पाठ (इंटरटेक्स्च्युलिटी) कहते हैं वह संस्कृत के ग्रन्थों में व्यापक रूप से निबद्ध है। अत: पाठक में भी अपेक्षित योग्यता होनी चाहिए। संस्कृत का लेखक कई जगह पाठक को स्वयंसिद्ध मान लेता है। इस सन्दर्भ में देवेन्द्र नाथ शर्मा ने भामह के काव्यालंकार का भाष्य करते हुए एक रोचक प्रसंग का जिक्र किया है—*निधाय हृदि विश्वेशं विधाय गुरुवन्दनम्। बालानां सुखबोधाय क्रियते तर्क संग्रह: ॥* अन्नम्भट्ट लिखित 'तर्कसंग्रह' का यह मंगलाचरण है। एक टीकाकार ने 'बालानां' की व्याख्या करते हुए कहा—*अत्राधीतव्याकरणकाव्यकोशोऽनधीनन्यायशास्त्रो बाल:* अर्थात् यहाँ बालक वह है जो व्याकरण, काव्य, कोश का तो पारंगत हो, किन्तु न्यायशास्त्र से अपरिचित हो। जहाँ बालक से यह अपेक्षा है, वहाँ प्रौढ़ कैसा होता होगा? संस्कृत की सामग्री हिन्दी पाठक के लिए बोधगम्य रूप से प्रस्तुत करना एक चुनौती रही है। उस पर भी अपने यहाँ 'भानु' का अर्थ 'भास्कर' बतानेवाली पंडित मंडली की कमी नहीं रही है। हिन्दी वालों के बीच संस्कृत के प्रति विरक्ति सिर्फ प्रतिक्रिया नहीं, बोधगम्य सामग्री एवं संवाद के अभाव की भी उपज है। ऐसे में आचार्य पद का दायित्व कितना बढ़ जाता है—सहज अनुमेय है। संस्कृत के अध्येता, आचार्य एक अन्य मनोवृत्ति से भी ग्रस्त रहते हैं। वे यह मान लेते हैं कि संस्कृत में सब कुछ उपलब्ध है। रस-सिद्धान्त के सहारे नई कविता समझी जा सकती है—यह तर्क इस मनोवृत्ति का छोटा सा उदाहरण है। परम्परा की कई अच्छी चीजें बौद्धिक विलास-मात्र में चुक जाती हैं। काव्यशास्त्र के आधुनिक अध्येता जब पश्चिम के काव्यशास्त्र से तुलना करते हैं तो भारतीय काव्यशास्त्र के यथार्थ स्वरूप को स्पष्ट करना छोड़ पश्चिमी सिद्धान्तों को अपने में समेटने के लिए बेचैन हो जाते हैं। इन कारणों से अस्पष्टता और दुरूहता हिन्दी में लिखे काव्यशास्त्रीय ग्रन्थों का अनिवार्य गुण है। अपवाद हर जगह है, यह दूसरी बात है।

अम्बर्टो इको का सन् 2005 में जे.एन.यू. में रस सिद्धान्त पर व्याख्यान हुआ। मानविकी एवं सामाजिक विज्ञान के समर्थ श्रोता मौजूद थे। उन्हें उम्मीद थी कि उत्तर आधुनिकता पर कुछ विशेष बातें सुनने को मिलेंगी। उम्मीद के विपरीत अम्बर्टो ईको ने आनन्दवर्द्धन, अभिनव गुप्त का नाम लेना शुरू किया और स्वाभाविक रूप से श्रोता निराश हुए। रोम विश्वविद्यालय में

रस-सिद्धान्त और अभिनव गुप्त पर अध्ययन की परम्परा है। जे.एन.यू. में आधुनिकता से दृप्त बौद्धिक श्रोता उसी प्रकार निराश हो रहे थे जिस तरह अभिनव गुप्त, मम्मट आदि का नाम सुनकर कश्मीरी पंडित चौंकते हैं। अकादमिक आत्म-समीक्षा से जुड़े इस प्रसंग एवं समस्या का उल्लेख इसलिए भी कि हमलोगों के अध्यापन के बाद नामवर जी ने अपने विदाई भाषण में कहा था कि भारतीय भाषा केन्द्र को वे इस रूप में बनाना चाहते थे जिसमें भारत के हर क्षेत्र की एक-एक भाषा हो किन्तु आधार रूप में संस्कृत हो।

पश्चिम में इंडोलॉजी के प्रति आकर्षण रहा है। इसमें काव्यशास्त्र भी एक है। इस आकर्षण के वस्तुगत कारण कौन से हैं? विचार करने पर स्पष्ट होता है कि वहाँ काव्यशास्त्र सम्बन्धी कुछ प्रस्तावनाएँ, आनुषांगिक चर्चाएँ ही रही हैं। भारतवर्ष में काव्यशास्त्र एक विधिवत शास्त्र रहा है। इसके निर्माण में डेढ़ हजार वर्ष से भी अधिक का समय लगा। प्राचीन काव्यशास्त्रियों की यह प्रीतिकर उपलब्धि है। जब हम भारतीय चिन्तन के विभिन्न मत-मतान्तरों का खंडन-मंडन देखते हैं तो इस तथ्य का महत्त्व और बढ़ जाता है। फ्रेडरिक शीलर ने रस और भारतीय काव्यशास्त्र के आधार पर 'ऑन सिम्पल एंड सेंटीमेंटल पोयट्री' नामक अपना व्याख्यान दिया था, जिसमें श्रोता के रूप में और लोगों के अलावा कॉलरिज भी उपस्थित थे। तोदोरोव ने सिम्बॉलिज्म एंड इंटरप्रेटेशन में कहा कि पश्चिम में ध्वनि की तरह कोई सिद्धान्त नहीं है। भारतीय काव्यशास्त्र शास्त्रनिर्माण की एकांतिक साधना का फल नहीं है। काव्य सौन्दर्य की प्रतीति स्वसंवेद्य है। यह काल्पनिक चीज नहीं है। इस सौन्दर्य प्रतीति में विशेष क्या है? दूसरे शब्दों में, काव्य का असाधारण धर्म क्या है—यह चिन्ता ही काव्यशास्त्र का गोमुख है। आचार्यों ने अनुभव किया कि काव्य की समझ के लिए सिर्फ व्याकरण के सुप्तिङ व्युत्पत्ति का ज्ञान पर्याप्त नहीं है, अर्थव्युत्पत्ति भी जरूरी है। संस्कृत काव्यशास्त्र पर विभिन्न अनुशासनों का प्रभाव और अपने को असाधारण सिद्ध करने की बेचैनी दोनों प्रत्यक्ष हैं। व्याकरण के प्रति आदर का भाव आचार्यों के मन में था, लेकिन भामह ने जैसे ही *शब्दायो सहितौ काव्यम्* कहा—दूरी भी निश्चित हो गई। इसी तरह न्याय, मीमांसा, सांख्य, वेदान्त और बौद्ध दर्शन के प्रभाव की भी स्थिति है। ज्ञानमीमांसा के विविध स्रोतों से ग्रहण और त्याग सरलीकृत न होकर संघर्ष परक और विकासात्मक है। इस प्रक्रिया को ठीक से समझने के लिए दो आधारभूत ग्रन्थ भामह का 'काव्यालंकार' और आनन्दवर्द्धन का 'ध्वन्यालोक' देखे जा सकते हैं। ज्ञान मीमांसा की विविध धाराओं ने काव्यशास्त्रियों का विरोध किया। बड़े धैर्य के साथ प्रत्युत्तर देते हुए काव्यशास्त्र ने अपना मार्ग बनाया। शब्दार्थ के स्वरूप

का अन्तर्भाव मौजूद ज्ञानमीमांसा में सम्भव नहीं है—इसके आचार्यों ने बखूबी दर्शाया। सिर्फ प्रस्थानत्रयी का भाष्य ही पांडित्य की अन्तिम स्थिति नहीं है। काव्यालंकार के पंचम परिच्छेद में भामह दार्शनिकों की भाँति प्रमाण-मीमांसा करते हैं। प्रत्यक्ष, अनुमान, अपोह, हेतु आदि का खंडन-मंडन करते हैं। आनन्दवर्द्धन का ध्वनि-सिद्धान्त काव्यविशेष के लिए है तो व्यंजना सिर्फ काव्य नहीं व्याकरण को भी युगान्ताकारी देन है। काव्य के विशेष स्वरूप का उद्घाटन अन्वय-व्यतिरेक की पद्धति द्वारा हुआ। काव्यशास्त्र भारतीय ज्ञानमीमांसा के साथ उचित संघर्ष और सार्थक संवाद की देन है। काव्यमुख, कविमुख और सहृदयमुख से विचार करते हुए आचार्यों ने शब्दार्थों के 'सहित' की खोज की। इस खोज के क्रम में ही रचना-प्रकिया और आस्वाद-प्रक्रिया विशदीकृत हुई।

जिस समय काव्यशास्त्र बनना शुरू हुआ उस समय सिर्फ संस्कृत ही नहीं प्राकृत, अपभ्रंश और देशी भाषाओं का विशाल वाङ्मय मौजूद था। पंडितराज जगन्नाथ के समय तक आधुनिक हिन्दी का वैभव भी उद्घाटित हो गया था जिसका कुछ प्रभाव उनके 'रसगंगाधर' पर दिखाई पड़ता है। संस्कृत का श्रेष्ठ उस समय तक रचा जा चुका था। परम्परा के संरक्षण के साथ ही संस्कृत से इतर कविताओं के आस्वाद का प्रश्न भी काव्यशास्त्रियों के समक्ष था। आनन्दवर्द्धन ने प्राकृत की गाहा एवं अपभ्रंश से भी पर्याप्त उदाहरण दिए हैं। यहाँ यह ध्यान में रखने की जरूरत है कि काव्यशास्त्र ठेठ रूपवादी चिन्तन नहीं है। आचार्यों ने स्पष्ट किया कि इसका आधार 'लोकस्वभाव' है। भरतमुनि ने स्पष्ट किया कि सुख-दुख मिश्रित लोकधर्म ही अभिनय से संयुक्त होकर नाटक कहलाता है। यह लोकधर्म भित्तिस्थानी है। लोकधर्मी और नाट्यधर्मी की संवादिता को स्पष्ट करते हुए अभिनव गुप्त ने कहा—*नाट्यधर्मीरूपा सर्वप्राणवती अर्थत इति अर्थमपेक्ष्य प्रवर्तते, तस्मात् सर्वस्य सम्बन्धी सहजो भावो लोकधर्मो लक्षण उक्तो भित्तिस्थानीयत्वेन नाट्यधर्म्याः सहजसंवादे कर्मणः।* नाट्यशास्त्र की प्रसिद्ध 107वीं कारिका के अनुसार नाटक त्रैलोक्य के भावों का अनुकीर्तन है। काव्यवस्तु की व्यापकता बताते हुए भामह ने कहा—*न स शब्दो न तद्वाच्यं न स न्यायो न सकला। जायते यन्न काव्याङ्गमहो भारो महान्कवेः।* [अर्थात् वह शब्द नहीं, वह अर्थ नहीं, वह न्याय नहीं, वह कला नहीं, जो काव्य का अंग (उपयोज्य) न बनती हो। कवि का दायित्व कितना बड़ा है!]

काव्यगत प्रमाण शास्त्रगत प्रमाण से भिन्न है और लोकानुभव से संवादी है। आचार्यों की इस विवेचना के क्रम में आधुनिक आलोचना की कुछ बहसों की याद श्रमसाध्य नहीं हैं। मसलन रूप और अन्तर्वस्तु, कविता और

यथार्थबोध, कविता और विचार या विचारधारा। यदि पूर्वग्रह न रखा जाए तो काव्य के स्वरूप को लेकर मुक्तिबोध की चिन्ताएँ एवं विचार भी याद आ सकते हैं। इलियट का परम्परा सम्बन्धी कथन जरूरी नहीं कि परम्पराप्राप्त शब्दों में ही उद्घाटित हो। इस क्रम में 'कविता के नए प्रतिमान' में नामवर जी द्वारा उद्धरित काव्यशास्त्रीय अंशों को भी देखा जा सकता है जिसे उन्होंने कविता के स्वरूप और समाज के साथ उसके सम्बन्धों को लेकर बहस का आधार बनाया है। विषयान्तर से बचते हुए यह कहना है कि काव्यशास्त्रीय चिन्तन की इस परम्परा का चरम मम्मट के काव्यप्रकाश में दिखाई पड़ता है जब वे काव्य सृष्टि को ब्रह्मा की सृष्टि से अधिक आह्लादक और श्रेष्ठ मानते हैं। काव्यसृष्टि नियतिकृतनियमरहित और अनन्यपरतंत्र है। पहली ही कारिका, मंगलाचरण में मम्मट लिखते हैं—

नियतिकृतनियमरहितां ह्लादैकमयीमनन्यपरतंत्राम्।
नवरस रुचिरां निर्मितिमादधती भारती कवेर्जयति॥

काव्यगत वस्तुजगत को ब्रह्मा निर्मित वस्तुजगत की भाँति किसी एक सूत्र में नहीं बाँधा जा सकता। संसार में कमल के साथ सुगन्ध संयुक्त है। परन्तु काव्यजगत में मुखकमल भी होता है। कबीर ने कहा—कँवल जो फूला फूल बिन। काव्यगत प्रत्यक्ष, अनुमान आदि प्रमाण शास्त्र से भिन्न हैं। अलग-अलग रचनाकारों के अनुसार उसका अलग-अलग स्वरूप भी हो सकता है। उसकी लोकोत्तरता का यही रहस्य है। यहाँ काव्य की विशिष्टता ही नहीं उसका लोकतांत्रिक स्वरूप भी दिखाई पड़ता है। नाटक को पंचमवेद कहा गया। इसमें सभी वर्णों के साथ ही कैशिकी वृत्ति के रूप में स्त्रियों का भी प्रवेश हुआ। काव्यशास्त्र का उदय विदग्ध गोष्ठियों में हुआ। ये गोष्ठियाँ शिष्ट जनों की थीं किन्तु इसमें भी सभी वर्णों का प्रवेश था।

अब प्रश्न यह है कि भारतीय काव्यशास्त्र के इस स्वरूप को किस रूप में आधुनिक अध्येताओं ने देखा है। उसके अध्ययन की पद्धति कौन सी हो? नामवर जी ने अपने पहले ही क्लास में स्पष्ट किया कि आचार्यों ने आलोचना न लिखकर शास्त्र लिखा। काव्यशास्त्र साहित्यिक आलोचना से भिन्न वस्तु है। इनका प्रयोजन ही साहित्य के सिस्टम, संरचना को जानना था। काव्यार्थ मूल प्रणाली से सुसंगत है या नहीं यह देखना शास्त्र का काम है। यह काव्य का व्याकरण है। इसे सौन्दर्यशास्त्र के रूप में भी देखने का प्रयास किया गया।

आनन्द कोमार स्वामी ने पश्चिम के प्रभाव में माना कि जिस तरह सौन्दर्यशास्त्र अनुभूति का विषय है, वैसे ही भारतीय काव्यशास्त्र। सुशील कुमार डे ने आचार्यों के 'पल्लवग्राही ज्ञान' को कोसा जिसकी वजह से काव्यशास्त्र

पूर्ण रूप से सौन्दर्यशास्त्र नहीं बन सका। इस ग्रन्थि से मुक्त करने का श्रेय गणेश त्र्यम्बक देशपांडे को है। उन्होंने स्पष्ट किया कि ऐसी धारणा कोई 'मोहवश' कर भी ले तो भी इस प्रकार का मोह नहीं करना चाहिए। सौन्दर्यशास्त्र में सभी शब्देतर इन्द्रियग्राह्य एवं मनोग्राह्य कलाएँ आती हैं। पश्चिम में काव्यशास्त्र सौन्दर्यशास्त्र के अंग के रूप में विकसित हुआ, जबकि भारत में स्वतंत्र रूप से। देशपांडे का मत समग्रता में ग्राह्य है। किन्तु देशपांडे रेटरिक (वक्तृत्व कला) और साहित्यिक आलोचना के साथ काव्यशास्त्र का अन्तर नहीं दिखाते हैं। नामवर जी इस अन्तर को भी स्पष्ट करते हैं। देशपांडे की दूसरी देन साहित्यशास्त्र का 'इतिहास मुख' से अध्ययन है। पश्चिम के स्कूल की तरह काव्यशास्त्र के अध्ययन की एक पद्धति सम्प्रदायों में बाँटकर देखना है—भरत का रस, भामह का अलंकार, वामन का रीति, आनन्दवर्द्धन का ध्वनि आदि। यह ठीक नहीं है, सम्प्रदाय की जगह विकास क्रम को सामने रखकर अध्ययन होना चाहिए। देशपांडे के भारतीय साहित्यशास्त्र में इस दृष्टि की संक्षिप्त चर्चा है।

नामवर जी ने इतिहास के समकालिक-सिनक्रोनिक अध्ययन की पद्धति को काव्यशास्त्र के सन्दर्भ में अनुचित बताया। इस मत के प्रतिपादक महामहोपाध्याय कुप्पुस्वामी एवं डॉ. वी. राघवन की पुस्तक 'हाई वेज एंड वाई वेज ऑफ लिटररी क्रिटिसिज्म इन संस्कृत' की मान्यताओं को अपर्याप्त बताते हुए ऐतिहासिक विकास क्रम और पूर्वापर सम्बन्धों के आधार पर व्याख्या को उचित दृष्टिकोण बताया। सम्प्रदाय प्रतिपादन में अन्य बातों का अभाव दिखाया जाता है। हमारे आचार्य 'अभावकारी' नहीं थे। भरत-भामह से आनन्दवर्द्धन तक क्रमिक विकास हुआ है। इसमें पूर्ववर्ती मान्यताओं का स्थान एवं महत्त्व निरूपित है। रसध्वनि में सबका अन्तर्भाव हुआ। ध्यान देने की बात यह है कि काव्यशास्त्र का सम्प्रदायगत अध्ययन आज भी किया जाता है। इसलिए दृष्टि का महत्त्व बढ़ जाता है। नामवर जी ने क्लास में देशपांडे की पुस्तक को बेहतर बताया था। यद्यपि आरम्भिक एक-दो व्याख्यान छोड़कर इनके अध्यापन पर देशपांडे का विशेष प्रभाव नहीं दिखाई पड़ता। उनका ध्यान काव्यशास्त्रीय मान्यताओं के यथार्थ स्वरूप के उद्‌घाटन पर रहता था। इसके बाद महत्त्व, स्थापन, सीमा और शक्ति को स्पष्ट करते थे। यथार्थ स्वरूप के उद्‌घाटन के बाद अध्येताओं के बीच प्रचलित बोध की समीक्षा और उचित दृष्टि की ओर संकेत। काव्यलक्षण को लेकर विश्वनाथ की परिभाषा— *वाक्यं रसात्मकं काव्यं* को सर्वश्रेष्ठ माननेवालों की कमी नहीं है। विश्वनाथ प्रसाद मिश्र एवं देवेन्द्र नाथ शर्मा की भी यही मान्यता है। नामवर जी ने मम्मट के लक्षण— *तददोषौ शब्दार्थौ सगुणावनलंकृती पुनः*

क्वापि को मानक बताया। यदि रस कह ही दिया तब तो वह कथित हो गया। यह स्वशब्दवाच्यता दोष है। संकेतस्वरूप यह भी बताया कि विश्वनाथ मम्मट से क्या शास्त्रार्थ करेंगे। विश्वनाथ गहरे नहीं उतरते हैं। एक और उदाहरण देख सकते हैं। आनन्दवर्द्धन के पहले नाटक में तो रस था, किन्तु काव्य में नहीं। आरम्भिक आचार्य रसवत् अलंकार मानते थे। रस आया तो अलंकार के रूप में। लेकिन विद्वत्मंडली भामह आदि तमाम अलंकारिकों को किंचित् संकोच के साथ भरत की परम्परा का रसवादी मानती है। प्रमाण स्वरूप कामं सर्वोप्यलंकारो रसमर्थे निषिंचति-दण्डी, रसवद्दर्शितस्पष्ट शृंगाररादि रसं-भामह, दीप्तरसत्वं कान्तिः-वामन के कथन प्रस्तुत किए जाते हैं। इन विद्वानों में पी.वी. काणे और देशपांडे भी हैं। दूसरी ओर नामवरजी का मानना है कि रुद्रट से पूर्व अलंकारिकों को यह स्पष्ट बोध नहीं था कि रस काव्य में हो सकता है। देशपांडे इतिहासमुख से विवेचना के बावजूद भामह की रस सम्बन्धी मान्यता को विस्तार देते हैं, यद्यपि ऐसा करने के पीछे सम्प्रदाय सम्बन्धी मान्यता का खंडन है। उनके अनुसार, "भामह रस के विरोधी तो हैं ही नहीं उपलब्ध आलंकारिकों में भरत के प्रथम उत्तराधिकारी हैं।" दूसरी ओर नामवर जी रसवत् तक सीमित रखते हैं जो देशपांडे द्वारा ही प्रस्तावित इतिहासमुख की पद्धति का सही क्रम है।

यह समझकर प्रीतिकर आश्चर्य होता है कि काव्य के स्वरूप सम्बन्धी कुछ पहलुओं के प्रति भारतीय काव्यशास्त्रियों ने अपनी निर्भ्रान्त दृष्टि का परिचय बहुत पहले दिया था, जहाँ तक यूरोप को पहुँचने में शताब्दियाँ लग गईं। इनमें से कुछ का कारण यह है कि पश्चिम के शास्त्र में द्वैत की सुदृढ़ परम्परा रही है, जबकि भारतीय परम्परा में समग्रता पर बल है। संस्कृत काव्यशास्त्र में पश्चिम की भाँति कवि और सहृदय आलोचक का द्वैत नहीं है। पश्चिमी साहित्य का कॉमन रीडर, क्लोज रीडर, आइडियल रीडर कवि से भिन्न तत्त्व है। अभिनव गुप्त ने 'लोचन' के मंगलाचरण में ही स्पष्ट किया—*अपूर्वं यद्वस्तु प्रथयति विनः कारणकला...सरस्वत्यास्तत्त्वं कवि सहृदयाख्यं विजयते।* कवि और सहृदय द्वारा प्रकाशित काव्यतत्त्व विजयी है अर्थात् सबसे बढ़कर है। सरस्वती काव्य का पर्याय है एवं कवि और सहृदय उसी तत्त्व के दो पक्ष हैं। वड्‌र्सवर्थ कॉलरिज, शेली, कीट्स ये सभी उच्चकोटि के कवि और आलोचक थे। आनन्दवर्द्धन में दोनों का मणिकाञ्चन योग है। पंडितराज जगन्नाथ कवि और आलोचक दोनों थे। काव्यार्थ केवल कविगत या रसिकगन व्यापार न होकर *कविसहृदयगत अखंडानुभव रूप व्यापार* है। इसीलिए इसके आस्वाद हेतु रसिक, सहृदय के पास योग्यता अपेक्षित है। पश्चिम का एक और द्वैत है—रूप और अन्तर्वस्तु का। संस्कृत के आचार्यों

में भी नाट्यधर्मी-लोकधर्मी और स्वभावोक्ति-वक्रोक्ति की विवेचना में इसका निरुपण देखा जा सकता है। इस सन्दर्भ में कुन्तक का कार्य विशेष रूप से उल्लेखनीय है। नामवर जी ने कुन्तक और आनन्दवर्द्धन पर समान संख्या में क्लास लिए। अलंकार फार्म है और अलंकार्य कंटेंट। स्वभावोक्ति की प्रचलित धारणा का खंडन करते हुए उन्होंने शब्दार्थ को अलंकार्य कहा। उनके यहाँ यूनिफाइड व्यू ऑफ पोएट्री का विचार है। काव्य एक अखंड अविभाज्य इकाई है। प्रथम उन्मेष की दसवीं कारिका पर उनकी वृत्ति है—*उभौ द्वावष्येतौ शब्दार्थावलंकार्यावलंकरणीयौ केनापि शोभातिशयकारिणा-लंकरेणन योजनीयौ। किं तत्तयोरलंकरणमित्याभिधीयते तयोः पुनरलंकृतिः। तयो द्वित्वसंख्याविशिष्टयोरप्यलंकृतिः पुनरेकैव, यथा द्वावप्यलंक्रियते।* शब्द और अर्थ अलंकार्य हैं अर्थात् अलंकरणीय हैं। द्वित्व-दो संख्या से विशिष्ट होने पर भी दोनों एक ही अलंकार द्वारा अलंकृत किए जाते हैं। फिर अलंकार्य और अलंकार के समुदाय रूप में ही काव्य की सत्ता है। उनका अलगाव तो काव्य परामर्श के लिए अपोद्धार बुद्धि से होता है। विश्लेषण की सुविधा के लिए—*यच्चालंकार्यमकलंकरणीयं वाचक रूपं वाच्य रूपं च तदपि विवेच्यते। तयोः सामान्यविशेषलक्षणद्वारेण स्वरूप निरुपणं क्रियते। कथम्-अपोद्धृत्य। निष्कृष्य पृथक् पृथगवस्थाप्य, यत्र समुदाय रूपे तयोरन्तर्भावस्तस्माद्विभज्य। प्रथम उन्मेष, कारिका-6।* काव्य सौन्दर्य अलगाया नहीं जा सकता। यूरोप को यहाँ तक पहुँचने में 18वीं सदी लग गई। रोमैंटिक दौर में यह संज्ञान हुआ।

संस्कृत काव्यशास्त्रियों ने इस तथ्य को आरम्भ में ही पहचान लिया था कि सम्पूर्ण वाङ्मय में काव्य / साहित्य की विशिष्ट स्थिति है। इसलिए शब्द और अर्थ की प्रधानता के आधार पर भेद दिखाया। भट्टनायक ने स्पष्ट किया कि शास्त्र शब्द प्रधान है, आख्यान अर्थात् इतिहास-पुराण अर्थ प्रधान है और काव्य उभय प्रधान है। यूरोप में पाठ के अर्थ—टेक्स्ट मीनिंग—के निर्धारण की व्यवस्थित प्रणाली नहीं रही है। सत्रहवीं सदी में स्पिनोजा ने बाइबिल को टेक्स्ट के रूप में देखने का प्रस्ताव दिया था। बाद में 20वीं सदी में रूसी रूपवादियों ने साहित्यिकता (लितरातुनिस्त) की खोज करते हुए साहित्य की विशिष्ट संकल्पना की खोज की। भाषा का कौन सा रूप काव्य है—**अरस्तु से मैथ्यू अर्नाल्ड तक इससे पार नहीं पा सके।** संस्कृत काव्यशास्त्रियों के यहाँ एक और पहचान महत्त्वपूर्ण है। वे काव्य के अन्तर्गत गद्य, पद्य, मिश्र तीनों को मानते थे। यद्यपि क्रमशः कविता की ही प्रधानता हुई, गद्य पीछे छूट गया। वामन काव्य का गद्य और पद्य के रूप में भेद करने के बाद गद्य का वृत्तिगंधि, चूर्ण, उत्कलिका के रूप में भेद दिखाते हैं।

सुशील कुमार डे का कथन है कि—"संस्कृत के लेखकों ने प्राचीनकाल में ही इस सिद्धान्त को निर्विवाद रूप में स्वीकार कर लिया था कि गद्य काव्य का नहीं अपितु पद्य का प्रतिलोम होता है। यूरोपीय आलोचना-सिद्धान्त में इस तथ्य को बहुत बाद में मान्यता प्राप्त हुई है।" (संस्कृत काव्यशास्त्र का इतिहास, पृ. 361)

पाश्चात्य साहित्य सिद्धान्त से संस्कृत काव्यशास्त्र के इस विशिष्ट और भिन्न स्वरूप के बोध के बावजूद नामवर जी में किसी प्रकार का मोह नहीं दिखाई पड़ता। अनौपचारिक ढंग से भी उनकी किसी ऐसी टिप्पणी का स्मरण नहीं है जिसमें मात्र गर्व और उल्लास हो, ठोस कारण नहीं। भारतीय आचार्यों के प्रति उनका अनाक्रान्त भाव विस्मित करता है। वे स्वाभाविक रूप से उन स्थानों को बताते हैं जहाँ काव्यशास्त्र की परम्परा में उलट-फेर हुआ है। दूसरे जहाँ बचकर निकलते हैं, नामवर जी वहीं रुकते हैं। कुछ तथ्यों के आधार पर इसे देखा जा सकता है। ध्वनि सिद्धान्त को विशद करने के साथ ही काव्यात्मा के प्रश्न से जुड़े भ्रम की चर्चा उन्होंने की। पहली कारिका में ही आनन्दवर्द्धन कहते हैं—काव्यस्यात्मा ध्वनिरिति। फिर, प्रथम उद्योत में ही ध्वनि सिद्धान्त की भूमिका में कहते हैं—*योऽर्थः सहृदयश्लाघ्यः काव्यात्मेति व्यवस्थितः।* अर्थात् वाच्य और प्रतीयमान सहृदयश्लाघ्य अर्थ जो है वही काव्यात्मा के रूप में प्रतिष्ठित है। इन दोनों से तीसरा समीकरण यह बनता है कि व्यंग्यार्थ ही ध्वनि है। तर्क से सही लगनेवाला यह समीकरण वास्तव में भ्रम है। पूरे ध्वन्यालोक में आनन्दवर्द्धन ने यह कहीं नहीं कहा कि व्यंग्यार्थ ही ध्वनि है। व्यंग्यार्थ तो साधारण वाक्य में भी होता है। प्रश्न काव्य में उसकी प्रधानता या गौणता का है। प्रतीयमान आत्मा इस अर्थ में है कि उसके होने से वाच्चार्य भी जीवित होता है। ध्वन्यालोक के आधार पर यही समीकरण सही है कि काव्य की आत्मा व्यंग्य है और व्यंग्य की प्रधानता ध्वनि है। प्रसंगवश उल्लेखनीय है कि दूसरी कारिका का खंडन विश्वनाथ ने किया है। मगर वह टिकाऊ नहीं है। नामवर जी टीकाकारों का उलट-फेर विशेष तौर पर दिखाते हैं। वे अभिनव गुप्त को काव्यशास्त्र का सुमेरु मानते हैं। साथ ही यह दिखाना नहीं भूलते कि समर्थ टीकाकार किस तरह मूल को स्पष्ट करने के साथ ही अभिप्राय को बदल भी देता है। ध्वनि सब्जेक्टिव है। इसलिए अतिरिक हो गया। आनन्दवर्द्धन ने व्यंजना व्यापार को भी ध्वनि नहीं कहा और अभिनव गुप्त ने वाचक शब्द और वाच्य अर्थ तक में ध्वनि खोजते हुए इसके पाँच अर्थ बताए। आनन्दवर्द्धन के यहाँ काव्यों का ग्रेडेशन नहीं है, यद्यपि इसका आभास मिलता है। मम्मट ने तीन और पंडितराज ने चार भेद किए हैं। मम्मट द्वारा ध्वनि काव्य की व्याख्या के लिए दिया गया उदाहरण बताता है कि जरूरी नहीं कि श्रेष्ठ काव्य ध्वनि में ही हो। उनके द्वारा दिए गए

गुणीभूत व्यंग्य के उदाहरणों में कई जगह बेहतर काव्यसौन्दर्य मौजूद है, अपेक्षाकृत उन उदाहरणों के जो श्रेष्ठ समझकर ध्वनि काव्य के रूप में दिए गए हैं।

नाट्यशास्त्र पर अभिनव गुप्त की टीका इतनी प्रभावकारी सिद्ध हुई कि उसे ही प्रामाणिक मान लिया गया। रस और नाटक की इतिहासमुख से विवेचना कुछ विशिष्ट सन्दर्भों का संकेत करती है। नाट्यशास्त्र की संरचना बताती है कि नाटक और रस का एक इतिहास है। इसके निर्माण के कई स्रोत हैं। स्वयं रस आर्येतर जातियों की देन है। नाट्योत्पत्ति की कथा हजारी प्रसाद द्विवेदी की रोचक शैली में बताते हुए कुछ निष्कर्ष भी उन्हीं का देते हुए नामवर जी ने बताया कि आर्यों का जो रूप ऋग्वेद में मिलता है, उसमें वे शौर्य एवं पराक्रम के लिए प्रसिद्ध हैं। सुकुमार कलाएँ आर्येतर जातियों के माध्यम से आईं। लेकिन इतना ही नहीं। भरत मुनि के नाट्यरस की विवेचना में वे मराठी विद्वानों विशेष रूप से दि.के. बेडेकर और सुरेन्द्र वारलिंगे के कार्यों को आधार रूप में रखते हैं। यज्ञ, शृंगारादि रस चतुष्टय, देवासुर कथा, ब्रह्मा का व्याख्यान जैसे प्रसंगों की विसंरचना बताती है कि नाट्यरस के मूल में द्वन्द्व है। अपने यहाँ द्वन्द्व को पाश्चात्य चीज माना जाता है। रस का मतलब समरसता से लिया जाता है। इस बात को ध्यान में रखने की जरूरत है कि समरसता में भी द्वन्द्व हो सकता है। सम्भवतः इसी कारण रस को लेकर आनन्दवाद एवं परिपुष्टिवाद (सुखदुखात्मक) की दो परम्पराएँ मिलती हैं। बाद में आनन्दवाद की प्रधानता स्थापित हो गई। देवताओं और असुरों की लड़ाई में ब्रह्मा का व्याख्यान द्वन्द्व के समाहार का प्रयास है। इस तरह यह एक विशेष प्रकार की आइडियोलॉजी है। अभिनव गुप्त ने इसे अपनी व्याख्या में छिपा लिया। भरत मुनि के यहाँ रस एक वस्तुनिष्ठ पदार्थ है। *रस कः पदार्थः। उच्यते आस्वद्यत्वात्।* वहाँ प्रयोग और वस्तुनिष्ठता प्रमुख है। कलाओं का स्वरूप प्रयोग–प्रधान होता भी है। अभिनव गुप्त ने रस प्रयोग को रसानुभूति में ढालकर सब्जेक्टिव बना दिया। साथ ही इसका एक व्यापक दार्शनिक आधार प्रस्तुत किया। नाट्य प्रयोग की परम्परा समाप्त हो गई एवं पाठ्य अर्थात् काव्य की परम्परा रह गई। इस तरह अभिनव गुप्त की व्याख्या उनके समय की ऐतिहासिक स्थिति से भी जुड़ी है जो भरत से भिन्न स्थिति थी। यह परम्परागत दोष–दर्शन नहीं काव्यशास्त्र के इतिहास को उसकी सम्पूर्णता में समझने की दृष्टि है।

फिर, अभिनव गुप्त के व्यापक प्रभाव का रहस्य क्या है? उनकी व्याख्या में 'अनन्य साधारण गुण' मौजूद है जो काव्य की रसज्ञता एवं चिन्तन के मणिकांचन योग से विशेष प्रभावशाली बन गया है। नामवर जी का अन्तिम

क्लास 'नाट्य भावानुकीर्तनाम्' की अभिनव गुप्त कृत व्याख्या पर था। अभिनव गुप्त ने नाटक को दस लौकिक प्रतीतियों से विलक्षण दिखाया है। अध्येताओं में यह अमर सिद्धान्त के रूप में प्रतिष्ठित है। साथ ही कठिन भी। प्राय: इस व्याख्या के दार्शनिक आधार की ही चर्चा होती है। वैसे दार्शनिक आधार हमेशा रुचिकर ही नहीं होते। स्वयं अभिनव गुप्त ने इसी प्रसंग में कहा है कि इस विषय में दूसरे दर्शनों के बारे में अपने ज्ञान को प्रकट कर वे सहृदयों को खिन्न नहीं करना चाहते हैं—*...नात्राप्रस्तुतलेखनेन आत्मनो दर्शनान्तर—कथा परिचयप्रकटनफलेन प्रकृतवस्तुनिरुपणविघ्नमाचरन्त: सहृदयान् खेदयाम:।* अत: प्रकृत विषय के स्वरूप को विशद करने के बाद नामवर जी ने इसे सृजनशीलता का विलक्षण सिद्धान्त बताया। इसके द्वारा एक ही साथ कवि, नट और सहृदय तीनों की स्वतंत्रता के द्वार खुल गए। तीनों की ही सृजनशीलता अलौकिक (पारलौकिक नहीं) है। **...और ब्रह्मा के भाषण ने विवादों का समाधान भले ही न किया हो, अभिनव गुप्त की व्याख्या से समस्त विवाद दूर हो गए।** यही उस क्लास में नामवर जी का समापन वाक्य था।

जैसा कि काव्यशास्त्र के आचार्यों ने दिखाया है—काव्यास्वाद एक अखंड प्रतीति है। उसका अन्तर्विभाजन सम्भव नहीं। विभिन्न अंगों का महत्त्व और सम्बन्ध दिखाना तो अपोद्धार बुद्धि का काम है। इस शास्त्र का काम भी यही है—**अखंडबुद्धि समास्वाद्यं काव्यम्, अपोद्धार बुद्धया विभज्यते।** इन कक्षा व्याख्यानों में इसी प्रकार का संवेदनात्मक बोध हुआ।* आज उस बोध को याद करते हुए यह भी लगता है कि यदि नामवर जी के लिखित/वाचिक कुछ और कार्य मिलें तो हिन्दी-संस्कृत के बीच की दूरी कम हो जाए। इस सिहांवलोकन का लिखित रूप प्रस्तुत करते हुए यदि कहीं कुछ संगति में परेशानी हो, त्रुटियाँ दिखाई पड़ें तो उसका दायित्व हमारा है। विज्ञ पाठकों से विशेष क्या कहना—*बहुत बुझाई तुमहि का कहहूँ। परम चतुर मैं जानत अहहूँ।*...हिन्दी के विद्यार्थी के लिए काव्यशास्त्र परीक्षा काल का विषय है। हमलोग भी इसके अपवाद नहीं। करीब पच्चीस वर्ष बाद इस नोट्स से पुन: गुजरना **विवेक के सोपानों** को याद करना है। इसका सम्पूर्ण श्रेय मित्रवर शैलेश कुमार का है। उनकी संरक्षणशीलता विस्मित करती है। वे उस दौरान ही सबसे नोट्स माँगकर उनकी कॉपी कर लिया करते थे। दूसरे सहपाठी मजाक में कहा करते—ये नई सड़क पर भी नामवर जी के चिट-पुर्जे ढूँढ़ा करते हैं। थोड़ी सी स्पर्द्धा मैंने भी की। किन्तु, पीछे छूट गया। नामवर जी के हस्तलिखित नोट्स भी उन्होंने ढूँढ़ लिए। उन्हीं वर्षों में मैंने भी उन्हें अपने क्लास नोट्स दे दिए थे। इस निष्ठा पर अधिक कहना उसके महत्त्व की पवित्रता को कम करना है। अज्ञेय के शब्दों में—मेरे स्पर्श से चटका-/ नहीं

है आसरा, वह छत्र कच्चा है :/ वही एकान्त सच्चा है/ जिसे छूने मैं चलूँ तो मैं पलटकर टूट जाऊँ। इस दौरान यदा-कदा सहपाठी मित्र अच्युतानन्द झा भूली-बिसरी बातों की याद दिलाते रहे। प्रकाशन के महत्त्व को लेकर सचेत करते रहे। इस समय उस बैच के सभी सहपाठी मित्र याद आ रहे हैं। इनमें हिन्दी से इतर विद्यार्थी भी थे। समाजशास्त्र की आभारानी सिंह ने हमलोगों के साथ नामवर जी का कोर्स लिया था। पहले क्लास में डॉ. पुरुषोत्तम अग्रवाल भी छात्र के रूप में उपस्थित थे। प्रणय कृष्ण भी कुछ कक्षाओं में उपस्थित आए। दूसरे विषयों के भी जिज्ञासुओं की उपस्थिति होती रहती थी। जे.एन.यू. का छोटा सा क्लास रूम और छोटा पड़ जाता था।

मैं विशेष रूप से डॉ. रजनीश कुमार मिश्र, संस्कृत अध्ययन केन्द्र, जे.एन.यू. का आभारी हूँ। वे दुर्लभ किस्म के निष्ठावान अध्येता हैं। चर्चा के लिए समय देने में वे सदैव तत्पर रहे। कमलेश कुमार वर्मा ने भी उत्साहित किया। बावजूद इसके मेरा प्रयास क्वचिदन्यतोऽपि है। मुख्य कार्य शैलेश का है। ...अरस्तु का पाएटिक्स क्लास नोट्स है। सॉस्यूर की कृति 'ए कोर्स इन जेनरल लिंग्विस्टिक्स' उनके छात्रों द्वारा तैयार किया गया नोट्स है। इटालियन कवि एवं क्लैसेसिस्ट जियाकोमो लेपार्दी के नोट्स भी प्रकाशित हुए हैं। बतबढ़ाव से बचते हुए यह कहना है कि 'नामवर के नोट्स' नामवर जी के वाङ्मय का ऐसा पक्ष है जिस पर अभी तक ध्यान नहीं दिया गया है। ये नोट्स दावा तो नहीं —राजेशखर के कथन में यह संकेत जरूर करते हैं कि पंचमी विद्या के रूप में प्रतिष्ठित कविता की समझ विकसित करनेवाला काव्यशास्त्र सभी विद्याओं का निचोड़ है—*सा तु सर्वासां विद्यानां निष्यन्दः।*

—मधुप कुमार

संस्कृत काव्यशास्त्र का स्वरूप एवं अध्ययन की समस्याएँ

दिनांक : 21.1.1992

संस्कृत काव्यशास्त्र क्या है ?

आज हम संस्कृत काव्यशास्त्र की प्रकृति पर विचार करेंगे। इसका रूप क्या है—Rhetoric या Poetics या Aesthetics या Literary Criticism (incidently)।

पश्चिम में ये सभी अलग-अलग शास्त्र के रूप में विकसित हुए। रेटरिक यानी वक्तृत्व कला का सर्वोत्तम उदाहरण प्लेटो के 'डायलॉग्स' हैं। अपनी बात को प्रभावशाली ढंग से कहने की कला। Aesthetics का आरम्भिक रूप प्लेटो में मिलता है।

संस्कृत में सम्भवतः ऐसा नहीं हुआ। भरत मुनि का नाट्यशास्त्र अलंकार शास्त्र भी है, काव्यशास्त्र भी और सौन्दर्यशास्त्र अथवा कलाशास्त्र भी।

ऐसे में संस्कृत काव्यशास्त्र का स्वरूप क्या था, इसके विवेचन के लिए कई मत रखे गए। सबसे पुराना मत आनन्द के कोमार स्वामी का है। ये जन्म से सिंहल थे। माता पक्ष से क्रिश्चियन एवं पिता पक्ष से हिन्दू। भूगर्भशास्त्र के विद्वान। बोस्टन में जीवन बीता। भारतीय कला एवं भारतीय सभ्यता, संस्कृति तथा सौन्दर्यशास्त्र का विदेशों में परिचय करवाने में इनकी महत्त्वपूर्ण भूमिका थी। विभिन्न धर्मों एवं दर्शन-पद्धतियों के विशेषज्ञ थे। इनका सम्पूर्ण कार्य तुलनात्मक सौन्दर्यशास्त्र का है। अपने रुझान के अनुरूप उन्होंने आध्यात्मिक पक्ष पर बल दिया। *[किसी भी लेखक का उद्धरण देते हुए गुरुवर उसकी प्रायः एक छवि अंकित करते थे। वह छवि उस लेखक की पृष्ठभूमि आदि का एक ऐसा छायांकन होता था जो हम छात्रों को लेखक को जानने को प्रेरित करता। इसी प्रकार जिस पुस्तक का उद्धरण देते उसका पूरा नाम, पुस्तक का प्रकाशक एवं प्रकाशन वर्ष भी प्रायः वे बताते चलते। उस

समय हमें उसका महत्त्व समझ नहीं आता था—*समुझि नहीं तस बालपन तब अति रहेऊ अचेत।*] उन्होंने संस्कृत काव्यशास्त्र का स्वरूप दिखाते हुए Figures of speech or Figures of thought, (1981) में लिखा—

We are peculiar people. I say this reference to the fact that whereas almost all other people have called their theory of art or expression a "Rhetoric" and have thought of art as a kind of knowledge; we have invented an "Aesthetic" and think of art as a kind of feeling". *(उपरोक्त उद्धरण गुरुवर ने अपने क्लास के दौरान सुनाया; परन्तु उसे पूर्ण रूप से नोट करना एवं शुद्ध रूप से नोट करना सम्भव नहीं था। क्लास नोट्स को प्रकाशन योग्य बनाने के क्रम में मैंने उनके हस्तलिखित नोट-[पाद-टिप्पणी] बुक खोजी। जो नामवर जी को थोड़ा-बहुत भी जानते हैं वे उनकी इस तैयारी की शैली से अपरिचित नहीं हैं। चाहे विषय पर कितनी भी पकड़ हो; उसे बिना पढ़े, बिना दुहराए या नोट बनाए शायद ही कभी वे बोलते हों। यद्यपि ये नोट इतने सूत्र रूप में होते कि इसे उनके क्लास-नोट्स में नहीं बदला जा सकता। दूसरी बात यह कि नोट्स में एवं क्लास में पढ़ाने के क्रम में काफी अन्तर रहता था। वे नोट्स सामने रखकर नहीं पढ़ाते थे एवं जब उद्धरण देना हो तभी उसका सहारा लेते। प्राय: संस्कृत के उद्धरण तो उन्हें कंठस्थ ही थे ऐसे प्राय: उद्धरण उनकी नोटबुक से हैं एवं उसके कुछ पन्ने अविकल रूप से स्कैन करके परिशिष्ट में दिए जा रहे हैं।)

हम अजीब लोग हैं। जहाँ दूसरे लोगों ने कला को ज्ञान का प्रकार कहा, हमने सौन्दर्यशास्त्र का प्रयोग किया और कला को अनुभूति का प्रकार कहा।

कला को ज्ञान के प्रकार होने का दर्शन प्लेटो का है। प्लेटो के दर्शन से पता चलता है कि वह ज्ञान एवं कला को एक दूसरे के विपरीत समझता था। उसने कवि को अपने आदर्श राज्य की परिकल्पना से बाहर कर रखा था। कवि को इज्जत दो फूल-माला पहना दो। बस। फिर बाहर कर दो। इसका कारण था कि official truth या official reality। कवि को इज्जत दो फूल-माला पहना दो—बस। फिर विदा कर दो। official truth एवं कलाकार का सत्य अलग-अलग होता है। अनुभवजन्य सत्य बनाम official truth का यह विवाद तब से चला आ रहा है एवं state हमेशा अपने अनुसार इसका उपयोग करता है। स्टालिन ने इसी विवाद की वजह से पास्तरनाक-सोल्जनित्सिन आदि लेखकों को देश निकाला दे रखा था।

प्लेटो का भूत आज भी पीछा नहीं छोड़ रहा है। *(ऐसे अवान्तर प्रसंग, ऐसी कथाएँ, ऐसे सन्दर्भ ही नामवर जी की पढ़ाने की शैली की पहचान हैं। कहाँ काव्यशास्त्र कहाँ स्टालिन की चर्चा एवं प्लेटो का भूत। वे अलग-अलग दिखने या लगने वाली चीजों को जोड़ने वाले तन्तुओं को सदैव बताते चलते थे। शायद इसीलिए काव्यशास्त्र जैसे विषय को भी इतना बोधगम्य एवं रोचक बना देते थे।)

आनन्द के कुमार स्वामी ने मत रखा कि संस्कृत काव्यशास्त्र में ऐसा नहीं था कि वह ज्ञान का प्रकार हो। हमारे यहाँ साहित्य एवं कला का काम एक प्रकार से अनुभूति से जुड़ा है जिसका मुख्य लक्ष्य 'आनन्द' की प्राप्ति है। 'आनन्द' को हमारी परम्परा में अत्यन्त उच्च स्थान प्राप्त है। 'रस' को ब्रह्मानन्द सहोदर कहा गया है। सच्चिदानन्द में भी 'आनन्द' का ही एक रूप है। स्पष्टत: कुमार स्वामी का अधिक ध्यान 'रस' की अवधारणा पर था। इस आधार पर उन्होंने माना कि आनन्द इन्द्रिय बोध से आरम्भ होता है। पहला pleasure sensual होता है एवं अन्त में वह अनुभूति के आनन्द में पर्यवसित होता है। इसी अर्थ में कालिदास ने नाटक को चाक्षुष यज्ञ कहा है। अनुभूति से पूर्व वह इन्द्रिय बोध का विषय होता है। इसलिए हमारे यहाँ काव्यशास्त्र की अवधारणा एक अलग रूप में विकसित हुई है।

आनन्द के कोमार स्वामी के बाद संस्कृत काव्यशास्त्र के स्वरूप का विवेचन करने वालों में एक प्रमुख नाम सुशील कुमार डे का है। 1963 में नेहरू मेमोरियल लेक्चर के दौरान उनके दिए गए व्याख्यान को एक छोटी पुस्तिका का रूप दे दिया गया है, जिसका शीर्षक Sanskrit Poetics as a study of Aesthetics है। यह ऑक्सफोर्ड यूनिवर्सिटी प्रेस से प्रकाशित है।

श्री डे ने मत रखा कि "Examination of the progress of the discipline shows that although in the course of its advance Sanskrit Poetics emerged a great deal more than a mere practical treatment of rhetorical categories; it nevertheless never quite drew away from its analytical verbal formation into a truly theoretic discipline of aesthetic।"

जैसा कि नाम/शीर्षक से ही मालूम होता है, डे का मत था कि संस्कृत काव्यशास्त्र पूर्णरूपेण सौन्दर्यशास्त्र का विषय नहीं है। उन्होंने माना कि संस्कृत

काव्यशास्त्रियों ने सौन्दर्यशास्त्र के रूप में इसका विकास नहीं किया एवं 'पल्लवग्राही ज्ञान' के रूप—*गृहं गच्छामि तृणम् स्पृश्यामि* की भाँति विचार किया। उन्होंने कहा कि—(पल्लव ग्राही ज्ञान का सन्दर्भ देते हुए गुरुवर ने कुछ रोचक प्रसंग बताए थे जो अब ध्यान में नहीं हैं।)

Sanskrit theorists were certainly aware of the aesthetic problem; but they did not attack it consistently in its entireity, containing themselves in treating it only in some of its aspects.

डे ने माना कि यद्यपि अपने विकास की दृष्टि से संस्कृत काव्यशास्त्रियों ने सौन्दर्य की समस्या में दिलचस्पी दिखाई, परन्तु उसका व्यवस्थित अध्ययन नहीं किया। अतएव यह सौन्दर्यशास्त्र नहीं है।

वास्तव में डे के इस मत के पीछे उस समय के यूरोपीय दर्शन का प्रभाव था। क्रोचे ने सौन्दर्यशास्त्र का विवेचन करते हुए Aesthetics को पहले दर्जे का और Poetics को दूसरे दर्जे का माना था।

सौन्दर्यशास्त्र का ज्ञान होना गौरव की बात मानी जाती थी। सम्भवत: सौन्दर्यशास्त्र की प्रभुता 'अस्पष्टता का अखंड राज्य होता है' की मनोभावना से परिचालित होती है। यह दौर कुछ इसी तरह का था। यूरोप में आई. ए. रिचड्र्स, भारत में राधाकृष्णन का मेटाफिजिक्स इसी भाव-बोध की उपज है। किसी शायर ने ऐसी मन:स्थिति की व्यंजना अपने एक शेर में की—

बाहम सबे-विसाल गलतफहमियाँ हुईं
उनको था वहम भूत का हमको परी का।

सौन्दर्य देखने वाली आँख में होता है। तो डे ने विचार रखा कि भारतीय काव्यशास्त्री सौन्दर्य की समस्याओं से पूरी तरह दो-चार नहीं हो पाए। लेकिन सवाल यह है कि किस सौन्दर्यशास्त्री ने इस पर पूर्णत: विचार किया।

भारतीय काव्यशास्त्र की प्रकृति को सौन्दर्यशास्त्र के भूत से पीछा छुड़ाने की दृष्टि गणेश त्रयंबक देशपांडे ने दी। उन्होंने स्पष्ट मत रखा कि अलंकारशास्त्र सौन्दर्यशास्त्र नहीं है। उन्होंने मत रखा कि सम्भव है कि अलंकार=सौन्दर्य, इसलिए अलंकारशास्त्र=सौन्दर्यशास्त्र अर्थात आधुनिक Aesthetics है। ऐसी धारणा कोई मोहवश कर ले तो भी इस प्रकार का मोह नहीं होना चाहिए। अलंकारशास्त्र में काव्य-सौन्दर्य की विवेचना है किन्तु इसी आधार पर उसे Aesthetics कहना ठीक नहीं होगा। Aesthetics में सभी ललित कलाओं के सौन्दर्य की विवेचना आती है। काव्यशास्त्र उसका एक अंश मात्र हो सकता है।

देशपांडे ने भारतीय काव्यशास्त्र की विवेचना करते हुए बताया कि आरम्भ में अलंकार शब्द की व्यापक अर्थवत्ता थी। वामन के अनुसार, *सौन्दर्यम् अलंकार:, काव्यशोभाया: कर्तारो गुणा:, तदतिशय हेतव: अलंकारा: ।* उत्तरकाल में अलंकार शब्द का अर्थ सीमित हुआ। किन्तु काव्य-चर्चा में सौन्दर्यतत्त्व का महत्त्व कम नहीं हुआ। आनन्दवर्धन के ध्वन्यालोक में ये टुकड़े मिलते हैं—

शब्दगताश्चारुत्व हेतव / काव्यस्थ हि ललितोचित सनिवेशचारुण:

अभिनव गुप्त के यहाँ भी चारुत्व शब्द काव्य की आत्मा के रूप में आता है—

यच्चोकतम—चारुत्वप्रतीतिस्ताहिं काव्यस्यात्मा स्यात् इति, तदङ्गीकुर्म एव। नास्ति खल्वयं विवाद: ।''

अर्थात् चारुत्व-प्रतीति ही काव्यात्मक है।

इसी प्रकार पंडितराज जगन्नाथ का प्रिय शब्द 'कमनीय' है। जैसे आनन्दवर्धन का प्रिय शब्द लावण्य है। लावण्य—लवण यानी 'नमक'।

देशपांडे ने इन शब्दों की विवेचना की एवं बताया कि सौन्दर्य के ये समस्त उपमान एवं शब्द काव्यशास्त्र में काव्यसौन्दर्य के सन्दर्भ में आते हैं, समस्त कलाओं के सन्दर्भ में नहीं। संस्कृत काव्यशास्त्र में मुख्यत: शब्द एवं अर्थ पर विचार किया गया है। शब्द एवं अर्थ पर विचार के कारण वह मुख्यत: काव्यशास्त्र है। इसका अर्थ-विस्तार करके दूसरी कलाओं पर लागू किया जा सकता है परन्तु संस्कृत काव्यशास्त्रियों को इस सम्बन्ध में कोई भ्रम नहीं था कि वे शब्द एवं अर्थ पर विचार कर रहे हैं।

उदाहरणस्वरूप 'रस' को लें। रस मूलत: नाटक का शब्द है। इसे काव्य में बाद में लागू किया गया। रस संगीत को भी परिभाषित करने में सहायक होता है। रस स्थापत्य एवं मूर्तिकला में भी मिलता है। बुद्ध एवं नटराज के चित्रों में। यानी रस एक ऐसी परिणति है जो काव्य से पहले अन्य विधाओं में भी दिखता है। लेकिन इसको छोड़कर बाकी शब्दावली शब्द एवं अर्थ के दायरे में है। वास्तव में हमें समझना चाहिए कि जहाँ पश्चिम में काव्यशास्त्र सौन्दर्यशास्त्र के एक अंग के रूप में विकसित हुआ वहीं संस्कृत काव्यशास्त्र ने काव्यशास्त्र एवं अन्य शास्त्रों को अलग-अलग करके देखा एवं शब्दों की कला को शब्देतर कला से अलग रखा। जैसे नृत्यकला Body language अलग रूप में विकसित हुआ।

इस प्रकार देशपांडे ने संस्कृत काव्यशास्त्र का स्वरूप विवेचित करते हुए स्पष्ट किया कि संस्कृत काव्यशास्त्र मुख्यत: Poetics जिसका एक मुख्य अंग rhetoric है। इसमें शब्द एवं अर्थ का विवेचन है जिसे कोई चाहे तो अन्य कलाओं पर सावधानी से इस्तेमाल कर सकता है किन्तु इसका मुख्य क्षेत्र काव्य ही है।

अपने विश्लेषण की समग्रता में देशपांडे का मत/कथन सत्य के अधिक निकट है जबकि पूर्व मत खंडन योग्य है।

शास्त्र का प्रयोजन

अब तक हमने देखा कि पश्चिम में Rhetoric; Poetics, Aesthetics एवं literary criticism आदि का विकास अलग-अलग शास्त्र के रूप में हुआ जबकि सम्भवत: संस्कृत में ऐसा नहीं हुआ। इसी कारण भरतमुनि का नाट्यशास्त्र समन्वित रूप से अलंकारशास्त्र भी है, काव्यशास्त्र भी और सौन्दर्यशास्त्र या कलाशास्त्र भी। अलंकारशास्त्र का विकास एक हद तक स्वतंत्र रूप में हुआ किन्तु वह भी काव्यशास्त्र और सौन्दर्यशास्त्र से अपने आपको पूरी तरह मुक्त न कर सका। वामन ने अलंकारशास्त्र को सौन्दर्यशास्त्र की ओर उन्मुख करने का प्रयास किया। आनन्दवर्धन ने इसे सौन्दर्यशास्त्र का पूर्ण विकसित ढाँचा दिया एवं अभिनव गुप्त ने दार्शनिक आधार दिया। मम्मट ने काव्यप्रकाश में अलंकारशास्त्र, काव्यशास्त्र, सौन्दर्यशास्त्र का समन्वित रूप प्रस्तुत किया। इसका सबसे व्यापक ग्रन्थ विश्वनाथ का 'साहित्य दर्पण' है।

देशपांडे ने संस्कृत काव्यशास्त्र को मुख्य रूप में देखने की दृष्टि दी। ऐसे में यह विवेचना आवश्यक है कि एक शास्त्र के रूप में इसका प्रयोजन क्या था एवं किस रूप में यह आलोचना या literary criticism से भिन्न है। *[प्राय: सभी कक्षाओं की शुरुआत इसी प्रकार पहले के क्लास की 'समरी' से होती थी। यदि किसी से पहले का क्लास छूट गया हो; या पहले के क्लास का मूल मंतव्य क्या था यह जानने में चूक हो गई हो, तो यह दुहराव अत्यन्त उपयोगी होता था। साथ ही इसके माध्यम से वे अगले क्लास का सूत्र भी निकाल देते।]

काव्यशास्त्र एवं आलोचना में वही अन्तर है जो सॉस्यूर ने Lang और Parole में किया है तथा चामस्की ने Competence और performance में किया है। कम्पीटेन्स यानी क्षमता एवं पर्फोर्मेन्स यानी व्यवहार।

काव्यशास्त्र एक तरह से Grammar of Poetics है। द्विवेदी जी की एक पुस्तक है 'साहित्य का सहचर'। आलोचना का कर्म यह है कि सुनकर बता दे कि इसमें गलती कहाँ। शास्त्र का काम उसका समूचा सिस्टम-प्रणाली एवं संरचना का पता देना है।

Roland Barthes के शब्दों में,

"The task of critic working on poetics is to reconstruct not the work's massage but only its system; just as the linguist's task is not to decipher the meaning of a sentence but to identify the formal structure which makes it possible for meaning to be transmitted."

इसी सिस्टम की बात T.S. Eliot ने भी की है—

"Literature of individual notion are not collection of writings of individuals but organic wholes system in relation to which individual work of literary art; the works of individual artist have their significance."

इस सिस्टम की जानकारी आवश्यक इस अर्थ में है कि

Knowledge of the system enable us to make discrimination; determines the assumptions with which we approach a new work and prescribes what will can't pertinent and original. - Ref-culler.

इसी को चामस्की ने competence के रूप में देखा है—

A better way of approaching the literary system would be to ask what is literary competence... if are to read and interpret literary works with some degree of competence.

इन सन्दर्भों में संस्कृत काव्यशास्त्र का प्रयोजन साहित्य के सिस्टम को जानना था। ऐसा कहें कि प्रत्येक काव्य-ग्रन्थ को पढ़कर उसकी आलोचना लिखना सम्भव नहीं था। इसलिए आचार्यों ने आलोचना न लिखकर शास्त्र लिखा जिसमें संस्कृत कविता की परम्परा, उनके लांग competence का ज्ञान समाहित था। साहित्य की आलोचना के लिए साहित्य का व्याकरण बना जो अरस्तू के ढाँचे की तरह normative नहीं था। To formulate the rule is simply to say that deviation will be noticed. *(दूसरी परम्परा की

खोज की भूमिका में गुरुवर ने उद्धरणों के माध्यम से किताब लिखने की इच्छा का उल्लेख किया है। उनके पढ़ाने के क्रम में उद्धरणों का जैसा सुन्दर सटीक एवं सार्थक प्रयोग दिखाई देता है; वह अन्यत्र दुर्लभ है। उद्धरणों के माध्यम से वे पूरे प्रकरण को आलोकित कर देने में विश्वास रखते थे। ऐसे कुछ उद्धरण तो हमने नोट कर लिये, कुछ उनकी पुस्तिका से लिये हैं।)

दिनांक : 23.01.1992

विकासक्रम का ऐतिहासिक पक्ष

संस्कृत काव्यशास्त्र का विकास किस प्रकार हुआ, उसका ऐतिहासिक विकासक्रम क्या है, उसे जानने के लिए हमें इतिहास-बोध की अवधारणा से गुजरना पड़ेगा।

इतिहास-बोध का तात्पर्य है काल एवं कालक्रम में परिवर्तन एवं विकास का बोध। Sense of History के दो प्रमुख पहलू Sense of time एवं Sense of Place हैं। यूरोपीय विद्वानों का एक बड़ा वर्ग मानता रहा है कि भारतीय मनीषा में इतिहास के कालक्रमिक भाव-बोध के रूप में ऐतिहासिक कालक्रम के अनुरूप अध्ययन की परम्परा नहीं थी एवं यहाँ इतिहास का विकासक्रम समकालिक मानकर किया जाता रहा। उदाहरणस्वरूप पुराणों के लेखक राजाओं का इतिहास इस प्रकार लिखते रहे कि वे उनके समकालीन थे। यही बात भारतीय दर्शन एवं काव्यशास्त्र के इतिहास के विवेचन में भी बताई जाती है। ऐसे विचारकों का मत है कि दर्शन की विविध शाखाएँ अथवा काव्यशास्त्र के विविध सम्प्रदाय कालक्रम के अनुसार विकसित नहीं हुए बल्कि सारे सम्प्रदाय एक साथ विकसित एवं उपस्थित थे।

उदाहरणस्वरूप माना जाता है कि दर्शन के सभी सम्प्रदाय वेद एवं उपनिषद से उद्भूत हुए एवं समकालीन हैं। सांख्य, योग, न्याय, वैशेषिक, पूर्व मीमांसा एवं उत्तर मीमांसा साथ-साथ विकसित माने जाते हैं। उसी प्रकार वेदांत से जुड़े दार्शनिक मत द्वैत, अद्वैत, शुद्धाद्वैत, विशिष्टाद्वैत, द्वैताद्वैत आदि मत समकालीन दिखाए जाते हैं। यह इतिहास का Synchronic अध्ययन है।

संस्कृत काव्यशास्त्र के इतिहास को देखने की एक दृष्टि तो इससे जुड़ी है जिसके प्रतिपादक महामहोपाध्याय कुप्पुस्वामी शास्त्री एवं विश्लेषक

उनके शिष्य डॉ. वी. राघवन हैं। उन्होंने 1945 में अपनी पुस्तक Highways and Byways of literary Criticism in Sanskrit में इस मत को एक रेखाचित्र के माध्यम से विश्लेषित किया। वह रेखा-चित्र कुछ इस प्रकार है :

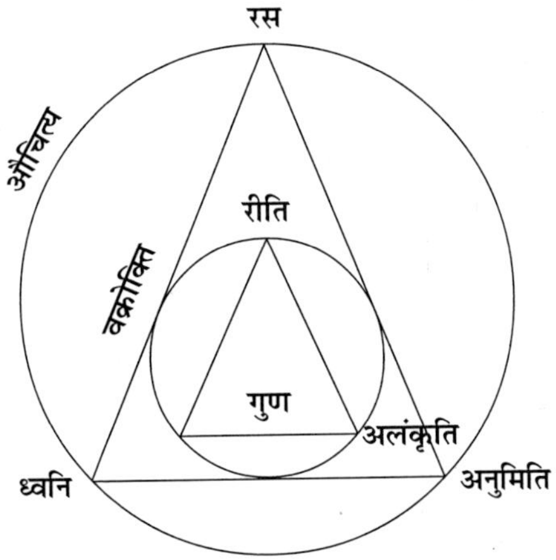

औचितीमनुधावन्ति सर्वे ध्वनिरसोन्नयाः।
गुणालंकृतिरीतीनां नयाश्चानृजुवाङ्मयाः।

उपरोक्त मत संस्कृत काव्यशास्त्र के प्रमुख सम्प्रदायों की स्थिति एवं आपसी सम्बन्धों की व्याख्या करता है।

उन्मय=अनुमिति। अनृजुवाक्=वक्रोक्ति।

1. ध्वनि, रस, अनुमति refer to literary content अनुमान
2. गुण अलंकार रीति refer to literary form
3. वक्रोक्ति is deviation of expression, टेढ़ा वाक्य
4. औचित्य represent the great synthesis of both content and form.

इस राजमार्ग एवं लघु मार्ग में संस्कृत के सभी प्रमुख सम्प्रदाय समाहित हैं। राजमार्ग में ध्वनि, रस एवं अनुमिति औचित्य का अनुसरण करते हैं। रस के जनक भरत मुनि हैं। ध्वनिवादी आनन्दवर्धन थे और अनुमिति के महिमभट्ट। औचित्य के आचार्य क्षेमेंद्र हैं। ध्वनि एवं अनुमिति दोनों में तनाव रहता है जबकि रस को दोनों सम्प्रदायों में मान्यता प्राप्त है। औचित्य

इन तीनों को जोड़ता है। या कि ध्वनि, रस एवं अनुमिति तीनों औचित्य का अनुसरण करते हैं।

लघु मार्ग में गुण, अलंकार एवं रीति हैं जो कि वक्रोक्ति के पीछे चलते हैं। रीति को कई आचार्य काव्य की आत्मा मानते थे। अलंकार के प्रसिद्ध आचार्य वामन थे। गुणों का सबसे अधिक बखान दंडी ने किया। इन तीनों को जोड़ने का काम वक्रोक्ति करती है जिसके आचार्य कुन्तक थे।

इस प्रकार Highways एवं Byways सिद्धान्त द्वारा संस्कृत काव्यशास्त्र के विविध मतों के सिद्धान्तों के आपसी सम्बन्धों की व्याख्या का प्रयास किया गया। इस सम्बन्ध में उन्होंने मत रखा कि संस्कृत काव्यशास्त्र में सभी सम्प्रदाय साथ-साथ चलते हैं। इसमें ऐतिहासिक विकास-क्रम यानी पूर्वापर सम्बन्ध नहीं है। कालक्रम की दृष्टि से पहले भरत मुनि का रस आता है। रस यदि विकास की चरम अवस्था थी तो यह सबसे पहले कैसे हुआ है। ऐतिहासिक विकास-क्रम की दृष्टि से विविध आचार्यों का कालक्रम इस प्रकार है—

1.	भरत मुनि का नाट्यशास्त्र	- 5th C BC - 3rd C AD
2.	भामह/दंडी	- 7th - 8th BC
3.	वामन	- 8th - 9th C
4.	आनन्दवर्धन	- 9th C
5.	नाट्यशास्त्र के व्याख्याकार लोल्लट/शंकुक/भट्टनायक	- 9th - 10th C
6.	अभिनव गुप्त	- 10th - 11th C
7.	कुन्तक	- 10th - 11th C
8.	राजशेखर/धनंजय	- 10th C
9.	मम्मट/महिमभट्ट	- 11th C
10.	विश्वनाथ	- 14th C
11.	जगन्नाथ	- 17th C

(गुरुवर की पुस्तिका से नोट)

काव्यशास्त्र के इतिहास को देखें तो विभिन्न मतों का या सिद्धान्तों का उल्लेख अलग रूपों में आचार्यों ने किया। रस की धारा भरत मुनि से पंडितराज

जगन्नाथ तक जाती है। रस के समानान्तर अलंकारों का निरूपण दिखाई देता है। रीति के विविध रूपों वैदर्भी, गौड़ी, पांचाली की चर्चा दंडी ने की है। भरत मुनि ने इसकी चर्चा वृत्ति के रूप में की एवं आनन्दवर्धन ने संघटना के रूप में। जहाँ अलंकारों की चर्चा है वहाँ वक्रोक्ति है। गुण की भी चर्चा सबने की है। ध्वनि की चर्चा कई आचार्यों ने की है। मम्मट के काव्यनिरूपण के उपरांत इसको चुनौतियाँ नहीं मिलीं। औचित्य की स्थापना भले ही आचार्य क्षेमेंद्र ने की लेकिन इसे भी सभी सम्प्रदाय मानते हैं। इस प्रकार काव्यशास्त्र की विवेचना की एक दृष्टि इसे सम्प्रदायों में बाँट कर देखने की है।

इस दृष्टिकोण का पहली बार दृढ़तापूर्वक खंडन जी.टी. देशपांडे ने किया और कहा कि संस्कृत काव्यशास्त्र को इस प्रकार खंडों में विभाजित करना सही नहीं है—

सरितामिव प्रवाहाः तुच्छाः प्रथमं यथोत्तरं विपुलाः ।
ये शास्त्रसमारंभा भवन्ति लोकस्य ते वन्द्याः ॥

(नदी के प्रवाह के समान शास्त्र का भी प्रवाह आरम्भ में छोटा सा होता है। बढ़ते-बढ़ते वह विशाल बनता जाता है। ऐसे ही शास्त्र लोकादर के भाजन होते हैं।)

उन्होंने अपना मत रखा कि आजकल हम 'साहित्यशास्त्र में सम्प्रदाय थे' इस मन्तव्य को स्वीकार करते हैं। भरत का रस सम्प्रदाय, भामह का अलंकार सम्प्रदाय, वामन का रीति सम्प्रदाय, आनन्दवर्धन का ध्वनि सम्प्रदाय, कुन्तक का वक्रोक्ति सम्प्रदाय तथा क्षेमेंद्र का औचित्य सम्प्रदाय, इस प्रकार का व्यवहार करते हैं। हमें सोचना चाहिए कि यह कहाँ तक उचित है। सम्प्रदाय की कल्पना में एक महत्त्वपूर्ण विशेषता यह है कि हम जिस बात का पुरस्कार करते हैं, उसका प्रतिपादन करने में अन्य सारी बातों का अभाव सिद्ध करना पड़ता है। किन्तु इन आलंकारिकों में से किसी ने ऐसा नहीं किया।

भामह का रस या गुणों से विरोध नहीं है, आनन्दवर्धन का भी गुणों या अलंकारों से विरोध नहीं है। तीनों को ये तीनों बातें स्वीकार हैं।

पाश्चात्य ग्रन्थकारों ने School शब्द का प्रयोग किया और हम लोगों ने उन्हीं का अनुकरण करते हुए School की तर्ज पर सम्प्रदाय बनाए। इस सम्प्रदाय की कल्पना की दृष्टि से साहित्यशास्त्र को देखने से अनेक ग्रन्थकारों के विवेचन दोषयुक्त हुए हैं। साहित्य-शास्त्र का विचार करने में हमें इस सम्प्रदाय की कल्पना का त्याग करना चाहिए।

वास्तव में श्री देशपांडे का मत काव्यशास्त्र की सही विवेचना है। हमारे आचार्य 'अभावकारी' नहीं थे। उनके यहाँ निषेध नहीं किया गया है किन्तु उसके स्थान एवं महत्त्व का निर्णय अवश्य किया गया है। यह एक क्रमिक विकास-प्रक्रिया का हिस्सा था जिसे पाँच अवस्थाओं में बाँटा जा सकता है—

1. क्रिया कल्प—भरत का नाट्यशास्त्र-नाट्य प्रयोग

2. काव्य लक्षण—असाधारण या विशेष धर्म का निरूपण। नाट्य से काव्य को स्वतंत्र करके काव्यलक्षण का निरूपण (भामह-दंडी-600ई. तक)

3. काव्यालंकार-रूद्रट तक। अलंकार गुण रस आदि। काव्यगत सौन्दर्यधर्म के लिए 'अलंकार' रूढ़ हुआ। (800 ई. तक)

4. साहित्य—(800-1000 ई.) आनन्दवर्धन से मम्मट तक। शब्दार्थों का साहित्य क्या है, काव्यालंकार का साहित्यशास्त्र में रूपांतरण।

5. साहित्य पद्धति—(1100-1650 ई.) मम्मटोत्तर युग। प्रमुख आचार्य जगन्नाथ।

इस विकास प्रक्रिया में अवस्था परिवर्तन के साथ कक्षा परिवर्तन भी हुआ—

1. धर्ममुख—रूद्रट तक
2. फलमुख—आनन्दवर्धन
3. रसिक व्यापार मुख—भट्टनायक
4. कवि व्यापार मुख—कुन्तक

इस प्रकार संस्कृत काव्यशास्त्र का विकास क्रमिक विकास था—'होरिजेंटल' था—जिसका समापन रस एवं ध्वनि की पूर्णता में हुआ। रस एवं ध्वनि का प्रभुत्व बनाए रखते हुए उसमें अन्य चीजों की 'हायरार्की' स्थापित की गई।

(सोमवार की क्लास दस बजे से)

नोट : 3.2.92 का वर्ग छूट गया।

तिथि : 4.2.1992

काव्यशास्त्र का आस्वादक : सहृदय की अवधारणा

आज हम संस्कृत काव्यशास्त्र में सहृदय की अवधारणा पर विचार करेंगे। इसे पाश्चात्य परम्परा के सन्दर्भ में भी देखेंगे। यह एक तरह से Reader response criticism or reception theory या आस्वाद पक्ष से विचार का मामला है। आप कौन हैं, इसका प्रभाव कविता के आस्वाद पर भी पड़ता है। एक बार गणित के एक मास्टर को एक शेर सुनने को मिला—

आगे आती थी हाले दिल पे हँसी
अब किसी बात पे नहीं आती।

बहुत देर तक यह शेर उसे खटकता रहा। कुछ तो छूट गया इसमें। फिर उसने जोड़ा—

आगे आती थी हाले दिल पर हँसी
अब किसी बात पे क्यों नहीं आती।

गणित का आदमी बिना क्यों लगाए कविता का भी आस्वाद नहीं कर सकता।

बहरहाल लगभग सभी महत्त्वपूर्ण साहित्य-परम्पराओं में एक पाठक आलोचक या Common reader की कल्पना पर विचार किया गया है।

अंग्रेजी साहित्य में Common reader एक प्रचलित शब्द है। यहाँ 'कॉमन' रीडर में 'कामन' पर मत जाइए। कॉमन सेंस बड़ा ही Uncommon होता है। अंग्रेजी के पहले महत्त्वपूर्ण आलोचक जॉनसन Common reader के हिमायती थे। यह परम्परा वर्जिनिया वुल्फ तक चली आती है। उन्होंने Common reader नामक एक पुस्तक भी लिखी। 1941 के आसपास उन्होंने आत्महत्या कर ली थी। इस प्रकार का Common reader साहित्य का सच्चा आस्वादक माना जाता था। एक अमेरिकी आलोचक ने विलाप किया है कि अब कॉमन रीडर नहीं रहे, रिसर्च स्कालर हो गए हैं। अब तो उनसे भी आगे लेमन स्क्वीजर (नींबू का रस निचोड़ने वाले) हो गए हैं। इस प्रकार कॉमन रीडर साहित्य के सच्चे आस्वादक थे जो एक संस्थान थे। स्कालर क्रिटिक, क्लोज रीडर से अलग।

फ्रांस में इसके लिए एक दूसरा शब्द चला। Ideal रीडर। न्यू फ्रेंच रीडर ने इस पद को बढ़ाया। फ्रांस का 'आदर्श पाठक' एक मानक था लेखकों, रचनाकारों को जाँचने का। साँबिब से लेकर 20वीं सदी तक यह परम्परा चली।

इसी प्रकार संस्कृत में जो परम्परा चली, उसके लिए मान्य शब्द है— 'सहृदय'। अन्य प्रचलित शब्द है 'भावक'। दूसरा शब्द है 'रसिक'। एक अन्य शब्द है 'विदग्ध'। संस्कृत कविता में 'रसज्ञ' पर विचार है।

यहाँ विचार करने योग्य है कि पाश्चात्य शास्त्र में द्वैध की परम्परा रही है। शरीर और मन का द्वैध। भारतीय परम्परा में समग्रता पर बल है। पाश्चात्य चिन्तन में द्वैधता की सुदृढ़ परम्परा रही है जिसमें शरीर और मन के बीच विरोध और संघर्ष का भाव है। इसलिए वहाँ कवि और आलोचक एक दूसरे से भिन्न माने गए हैं।

संस्कृत काव्यशास्त्र में कवि और आलोचक दोनों एक ही परम्परा के माने गए हैं। संस्कृत में कवि और सहृदय एक ही तत्त्व के अभिन्न अंग माने गए हैं। इसका सर्वश्रेष्ठ उदाहरण ध्वन्यालोक है जो अभिनन गुप्त पादाचार्य के लोचन की प्रसिद्ध टीका है। अभिनव गुप्त ने आलोक देखने के लिए लोचन दिए। बाबा तुलसीदास ने मानस के लिए कहा—

अस मानस मानस चख चाही।

लोचन के मंगल श्लोक में इस धारणा की पुष्टि होती है—

अपूर्वं यद्वस्तु प्रथयति विना कारणकलां
जगद्ग्रावप्रख्यं निजरसभरात्सारयति च।
क्रमात्प्रख्योपाख्याप्रसर सुभगं भासयति यत्
सरस्वत्यास्तत्वं कविसहृदयाख्यं विजयते॥

—लोचन का मंगल श्लोक

जो (सरस्वती का तत्त्व) कारणांश के बिना (ही) अपूर्ववस्तु की रचना और विस्तार किया करता है, पाषाणवत् नीरस जगत् को अपने रस की अधिकता से सारमय बना देता है, क्रमशः प्रतिभा और अभिव्यक्ति के प्रसार से उस जगत को रमणीय बना देता है वह कवियों और सहृदयों में भलीभाँति पूर्ण रूप से स्फुटित होने वाला सरस्वती का तत्त्व विजयशील हो रहा है अर्थात् सर्वोत्कृष्ट रूप में वर्तमान है!

यहाँ सरस्वती के तत्त्व कवि और सहृदय दोनों की विजय हो की अपेक्षा है। सरस्वती यानी भारती-काव्य का पर्याय है एवं कवि और सहृदय एक ही तत्त्व के दो पक्ष हैं।

राजशेखर ने इसे ही काव्य-मीमांसा में कारयित्री एवं भावयित्री प्रतिभा के रूप में विवेचित किया है। कारयित्री—यानी सर्जनात्मक Creative। भावयित्री यानी बोध पक्ष, अनुभूति पक्ष। ये दोनों प्रतिभा के भेद हैं। एक पारस पत्थर है जिसको छूने से सोना पैदा होता है एवं दूसरा कसौटी है जो उस सोने की परख करता है। राजशेखर के शब्दों में—

कश्चिद्वाचं रचयितुमलं श्रोतुमेवाडपरस्तां
कल्यामी ते मतिरुमयथा विस्मयं नस्तेनोति।
नह्येकस्मिन्नतिशयवतां सन्निपातो गुणाना—
मेक:सूते कनकमुलस्तत्परीक्षाक्षमो द्वन्य: ॥

कोई तो वाणी की रचना करने में निपुण है और कोई उसके सुनने में ही प्रवीण है। तुम्हारी दोनों प्रकार की बुद्धि आश्चर्यजनक है। एक में अनेक गुणों का समन्वय कठिन है। एक पत्थर सुवर्ण उत्पन्न करता है और दूसरा पत्थर उसकी परीक्षा करता है।

—राजशेखर, काव्यमीमांसा—अध्याय 4 पृ. 33

वड्र्सवर्थ, कॉलरिज, कीट्स, शेली, टी.एस. इलियट ये सभी उच्च कोटि के कवि और आलोचक दोनों थे। संस्कृत के बड़े आलोचकों में आनन्दवर्धन विशेष रूप से कवि थे। अभिनव गुप्त में अनेक गुण थे पर उनका विचारक गुण प्रबल था। संस्कृत की परम्परा में इन दोनों पक्षों में विरोध नहीं है। ये परस्पर पूरक हैं एवं इसी पूरकता में इनकी परिभाषा निहित है। कवि में कारयित्री प्रतिभा की प्रधानता होती है जबकि 'भावक' में भावयित्री प्रतिभा की। हमारे यहाँ 'तंत्र' में माना गया है कि प्रधानता के आधार पर ही स्त्री और पुरुष तत्त्व होते हैं एवं इसलिए हमारे यहाँ अर्धनारीश्वर की भी कल्पना है—

बन्धोऽर्धनारीश्वर-श्लाघालङनाजाङिधक: ।

—एकावली (विद्याधर)

कवि और सहृदय, कवि और भावक, कवि और विदग्ध, कवि और रसिक सभी एक ही तत्त्व के दो रूप माने गए हैं।

विदग्ध। जला हुआ। सूर की गोपियों का प्रेम जिसे शुक्ल जी बैठे ढाले का रोना कहते हैं इसी विदग्धता से जन्मा है। यह उनका आत्माभिमान है। विदग्ध का गुण विरलों में पाया जाता है। सरलता और बाँकपन का साथ। वक्रता के साथ वंचकता आ जाती है और सरलता के साथ आदमी बैल हो जाता है। दोनों के मेल से विदग्ध बनता है। 'कॉमन रीडर' में विदग्धता चाहिए।

सहृदय की सबसे अच्छी व्याख्या 'लोचन' के इस पद में मिलती है—
सहृदयानामिति। येषां काव्यानुशीलनाभ्यासवशाद्विशदीभूषिते
मनोमुकुरे वर्णनीयतन्मयीभवनयोग्यता ते स्वहृदयसंवादभाज: सहृदया: ।

काव्यानुशीलन के अभ्यास से जिसके विशद हुए मनोमुकुर में वर्णनीय से तन्मय होने की योग्यता होती है वे अपने हृदय से संवाद (वर्णनीय वस्तु से एकीकरण) को प्राप्त होने वाले सहृदय होते हैं।

मनोमुकुरं—मन का दर्पण। (अभिनव गुप्त का प्रिय शब्द)

निर्मल मुकुले यद्वद भान्ति भूमिजलादयः
अभिन्नयास्तद्वदेकस्मिंश्चिनाथे विश्ववृत्तयः।

काव्य के अनुशीलन से मन का दर्पण स्वच्छ हो गया है। दुख के कुहासे से मुक्त। सुख के राग से मुक्त। त्रिगुण का सन्तुलन।

काव्य पढ़ते समय 'अपने' प्रकार का बोध न हो—अपनेपन का बोध—identification—स्व का बोध न हो पर का बोध न हो साथ में तटस्थता का भी बोध न हो। उसका हृदय विशद होना चाहिए। विशद याने विमल। निर्मल-साफ होना चाहिए। राजस तामस विकारों से मुक्त। कविता के पात्रों के अनुसार मनोरचना। *मन मोर महुवा चित्त भुसौले नहीं।* साथ ही दर्पण टूटा नहीं दिखना चाहिए। अखंड होना चाहिए। *(गुरुवर ने इस प्रसंग में इस महुआ और भुसौल के किस्से की व्याख्या की।)

इस प्रकार संस्कृत काव्यशास्त्र में आदर्श पाठक की तरह एक सहृदय पाठक की अवधारणा है जो तत्कालीन भारतीय समाज का अभिजन है। वात्स्यायन के 'कामसूत्र' का 'नागरक' शिष्ट होना चाहिए। द्विज होना चाहिए। 'नागर' होना चाहिए। यही विदग्ध यही रसिक वर्ग था जिसको ध्यान में रखा गया। यह अनायास नहीं है कि 'ध्वन्यालोक' का पूर्व नाम सहृदयालोक अथवा काव्यालोक है।

संस्कृत काव्यशास्त्र का काल विदग्ध गोष्ठियों का काल था। प्राचीन संस्कृत काव्यशास्त्र की रचना रसिक अभिजनों द्वारा की गई और इसका संवाद भी उन्हीं अभिजनों से था।

काव्य की विशिष्ट संकल्पना का विकास

दिनांक : 11.2.92

वाङ्मय और काव्य

काव्य/साहित्य संस्कृत काव्यशास्त्र की विशिष्ट संकल्पना है। एक विशेषाधिकार प्राप्त अवधारणा जिसका समकालीन भाषाओं में कोई अन्य विकल्प नहीं था। रूसी रूपवादियों ने जिस Literariness की खोज भाषा के स्तर पर बीसवीं सदी में की, संस्कृत काव्यशास्त्र के आचार्यों ने उसे बहुत पहले पहचान लिया था।

साहित्य वर्तमान सन्दर्भ में 'सर्जनात्मक साहित्य' से जुड़ता है। लेकिन इसका व्यापक अर्थ भी है। जैसे समाजशास्त्रीय साहित्य। रोमांटिक काल में साहित्य को क्रिएटिव एवं इमैजिनेटिव में बाँटकर देखने की परम्परा थी, बाद में इमैजिनेटिव अनावश्यक मानकर छोड़ दिया गया।

संस्कृत काव्यशास्त्र में एक शब्द वाङ्मय आता है। जो भी शब्दबद्ध है वह वाङ्मय है। राजशेखर (1000 AD) ने इसे परिभाषित करते हुए लिखा—

इह हि वाङ्मयमुभयथा शास्त्रं काव्यं च।

(यहाँ शास्त्र और काव्य इन दोनों भेदों से वाङ्मय दो प्रकार का है।)

भट्टनायक ने वाङ्मय में शब्द और अर्थ की प्रधानता के आधार पर भेद दिखाए और कहा कि

शब्दप्राधान्यमाश्रित्य तत्र शास्त्रं पृथग्विदुः।
अर्थतत्वेन युक्ते तु वदन्त्याख्यानमेतयोः।
द्वयोर्गुणत्वे व्यापारप्राधान्ये काव्यगीर्भवेत्॥

यानी जो शब्द प्रधान है वह शास्त्र है, जो अर्थ-प्रधान है वह आख्यान (इतिहास-पुराण) है और उभय-प्रधान/व्यापार प्रधान काव्य है।

यहाँ शास्त्रों में वेदों को भी माना गया है। शब्द–प्रधान इसलिए कहा गया कि वेदों, मंत्रों में ध्वनि से व्यंजित अर्थ प्रधान है। वेद/ ऋचाओं/मंत्रों का जादुई प्रभाव उनके शुद्ध उच्चारण पर माना जाता था।

इतिहास–पुराण यानी आख्यानों में शब्दों के ऊपर नहीं जाया जाता वरन् अर्थ यानी कहानी में ही शक्ति निहित होती है।

काव्य में व्यापार यानी शब्द और अर्थ दोनों की प्रधानता होती है।

काव्य की उपरोक्त अवधारणा इसलिए महत्त्वपूर्ण है कि सम्पूर्ण वाङ्मय में काव्य एक विशेष वस्तु है। इस परिभाषा तक पहुँचने में पाश्चात्य विद्वानों को शताब्दियाँ लग गईं। कविता क्या है? What is poetry? साहित्य आलोचना से इसका स्वरूप प्रकट नहीं हो पाता।

कविता भाषा की कला है। ठीक उसी प्रकार जैसे पेंटिंग–कलर एवं लाइन की, संगीत—नाद एवं स्वर की। इसी प्रकार कविता वर्बल आर्ट है। इसकी परिभाषा भाषा स्तर पर की जानी चाहिए। परन्तु भाषा मात्र तो काव्य नहीं है। अरस्तू से मैथ्यू अर्नाल्ड तक पाश्चात्य काव्यशास्त्री इससे पार नहीं पा सके। पहली बार 1916–18 के आसपास रूसी रूपवादियों (Formalists) ने इसे विवेचित करने का प्रयास किया। इनमें रोमन याकोब्सन का नाम प्रमुख है। वे भाषाविज्ञान की एक बड़ी हस्ती और काव्यशास्त्र के पंडित थे। रूसी क्रान्ति के बाद उन्होंने रूस छोड़ दिया। रूसी रूपवादियों ने इस सवाल को उठाया कि साहित्य की साहित्यिकता किस बात में होती है। लितरातुनोस्त (लिटररिनेस) की नई अवधारणा देते हुए उन्होंने विचार रखा कि साहित्य की साहित्यिकता का निर्धारण समाज या धर्म नहीं, भाषा के धरातल पर होना चाहिए। इससे पूर्व ऐसी कोई चर्चा पाश्चात्य काव्यशास्त्र में प्रमुखता से नहीं दिखती जबकि संस्कृत काव्यशास्त्र में ऐसी परिभाषा हजारों वर्ष पहले से मौजूद थी। कारण यह था कि हमारी परम्परा में काव्य को सदैव व्याकरण की पूँछ माना गया। भाषा का प्रथम विवेचन रूप के धरातल पर किया गया। वैज्ञानिक विवेचन पाणिनी के अष्टाध्यायी में मिलता है एवं वहीं से यह अवधारणा चली आ रही है कि साहित्य भाषा का एक विशिष्ट रूप है। यद्यपि पाणिनी से लेकर बाद तक साहित्य के स्वरूप पर विचार किया जाता रहा है, शब्दार्थ के सहित भाव को पहचानने वाले कालिदास पहले कवि हैं और भामह पहले आचार्य।

कविकुलगुरु की संकल्पना : वागर्थाविव संपृक्तौ

रघुवंशम् के मंगलाचरण में कविकुलगुरु कालिदास ने *वागर्थाविव संपृक्तौ* कहते हुए शब्दार्थ के सहित भाव को पहचाना। वन्दना करते हुए उन्होंने लिखा, वाग् और अर्थ की प्रतिपत्ति के लिए हम पार्वती परमेश्वर की वन्दना करते हैं। उन्होंने इस 'वागर्थियोः परस्पर प्रतिपत्तिः' की तुलना अर्द्धनारीश्वर से की। इसमें देवी पार्वती वाक् यानी शब्द हैं और शिव अर्थ हैं। ऐसी अवधारणा शैव साहित्य में अन्यत्र भी दिखाई देती है—

— *बन्धोऽर्धनारीश्वर-श्लाघालङ्ध्नजाङिधकः*

—एकावली (विद्याधर)

— *अर्थ शुभं शिवा वाणी।*

—लिङ्पुराण

— *सव्यं वपुः शब्दमयं पुरारेर्थात्मकं दक्षिणमामन्ति।*
अंग अगन्मगलमैश्वरं तद् अर्दुन्ति काव्यं कथमत्मपुणयाः ॥

शिवलीलावर्णव 1.15 (नीलकंठ दीक्षित)

शिव का बायाँ अंग शब्द एवं दायाँ अंग अर्थ है एवं इन दोनों के योग से जो काव्य बनता है, वह काव्य है।

'कुमारसम्भव' की कथा इस परिभाषा को पुष्ट करती है :

तमर्थमिव भारत्या सुतया योक्तुमर्हसि।

शब्द और अर्थ की सम्पृक्ति से जो काव्य बनता है वह रस को जन्म देता है। जो व्यंजित होता है—ध्वनित होता है। यह वाच्य नहीं है। व्यंग्य है। शब्द-पार्वती और अर्थ परमेश्वर के संयोग से 'रसस्कंद' का जन्म (कुमारसम्भव)। रस अवाच्य है, इसलिए कुमारसम्भव वहीं समाप्त होता है जब शिव-पार्वती का योग हो जाता है—शेष व्यंजित। कालिदास ने कहा कि काव्य ही एक ऐसी जगह है जहाँ शब्द और अर्थ तुल्य विधिवत् प्रतिस्पर्द्धा करते हैं—

अस अर्थस्य पदानां च तुलविधृतवत तुल्यत्वेन संमितत्वम।

—भोज (सरस्वती कंठाभरणम्)

क्लेशः फलेन हि पुनर्नवतां विधत्ते।

फल की प्राप्ति होने से पुनर्यौवन प्राप्त होता है।

(ब्रह्मा-सरस्वती, विष्णु-श्री; केरलः मातृसत्तात्मक परिवार किन्नौरः मातृसत्तात्मक समाज, आदि उदाहरण)

हमारे मेटाफिजिक्स में... साहित्य की सहित भाव की सुन्दर व्याख्या कवि-कुलगुरु की परिभाषा में दिखाई देती है।*(बाद में गुरुवर ने कविकुलगुरु की इस संकल्पना को क्लास टेस्ट में पूछा। इस क्लास टेस्ट की प्रति मेरे पास अभी भी सुरक्षित है एवं उसकी स्कैन कॉपी परिशिष्ट में संलग्न है। इस प्रसंग में एक बात हमें अभी भी याद है। गुरुवर अपनी बात को संक्षेप में रखने के समर्थक हैं। उन्होंने स्पष्ट निर्देश दिया था कि उत्तर एक पृष्ठ से अधिक नहीं होना चाहिए और लम्बा उत्तर लिखने पर एक ग्रेड काट लिया जाएगा। क्लास टेस्ट लेने के लिए वे स्वयं नहीं आए। हमारे विभाग के 'अनस' जी क्लास टेस्ट लेने आए। अब पचास मिनट का समय और एक पेज लिखना। कुछ लोग तो तुरन्त लग गए—मैं, मधुप और अनुराग चाय पीने कैंटीन चले गए। तब तक अनस जी भी आ गए। यह देखने कि ये लोग कर क्या रहे हैं। खैर! चाय पीकर जब हम पहुँचे तो प्रिय मित्र अनिल जी दूसरे प्रश्न में लगे थे। गुरुवर ने एक लिखने को कहा था, अनिल जी दोनों लिखकर आ गए। बाकी की कहानी मित्रों के लिए छोड़ दी गई है।)

भामह : काव्य का पहला सैद्धांतिक विश्लेषण

काव्य की व्याख्या को सैद्धान्तिक रूप देने वाले पहले आचार्य भामह हैं। भामह ने 'काव्यालंकार' के पहले अलंकार की 16वीं कारिका में इसे 'शब्दार्थौ सहितौ काव्यम्' कहकर सूत्रबद्ध किया। इसका अर्थ स्पष्ट करने के लिए हमें 13-14 एवं 15वीं कारिका देखनी होगी, जिसमें उन्होंने कहा है कि कुछ आलंकारिक शब्द को और कुछ अर्थ को काव्य मानते हैं परन्तु मैं दोनों के सहित भाव, यानी मेल को ही काव्य मानता हूँ।

*(किसी भी बात को जानने के पूर्व उसकी पृष्ठभूमि जाननी चाहिए। उसके विविध पक्ष को देखते हुए विविध मत दिए जाते हैं। किन्तु उसके पूर्व पक्ष को भी देखा जाना चाहिए।)

शब्द को 'काव्य' मानने की परम्परा वैदिक काल से चली आ रही थी और बाद में भी जारी रही। अग्निपुराण से लेकर पंडितराज जगन्नाथ (17वीं सदी के अन्तिम आलंकारिक) भी शब्द को काव्य मानते रहे। अज्ञेय ने तार सप्तक की भूमिका में शब्द को ही काव्य माना। यानी भामह के पूर्व अलंकारिकों के दो वर्ग थे। एक अर्थालंकार को महत्त्व देता था तो दूसरा शब्दालंकार को।

भामह ने अपना सन्तुलित मत प्रस्तुत करने से पूर्व पूर्ववर्ती दोनों अतिवादी मतों का उल्लेख किया है।

रूपकादिरलंकारस्तस्यान्यैर्बहुधोदितः
न कान्तमपि निर्भूषं विभाति वनिताननम्। 1/13

[उस (काव्य) के अलंकार (जो) रूपक आदि हैं, उनका कुछ अलंकारिकों ने अनेक प्रकार से उल्लेख किया है। रमणी का सुन्दर मुख भी अलंकार के बिना नहीं शोभता।]

रूपकादिमलंकारं बाह्यमाचक्षते परे।
सुपां तिङां च व्युत्पत्तिं वाचां वाञ्छन्त्यलङ्कृतिम्॥ 1/14

तदेतदादुः सौशब्द्यं नार्थव्युत्पत्तिरीदृशी।
शब्दाभिधेयालंकारभेदादिष्टं द्वयं तु नः॥ 1/15

[दूसरे आलंकारिक रूपक आदि अलंकारों को बाह्य कहते हैं। वे संज्ञा और क्रिया के सौन्दर्य को ही वाणी का अलंकार मानते हैं। वह (काव्य) वस्तुतः सौशब्द्य (शब्द–सौन्दर्य) है; क्योंकि अर्थ सौन्दर्य ऐसा (चमत्कार–जनक) नहीं होता।]

शब्द और अर्थ के अलंकार–भेद से हमें तो दोनों इष्ट हैं।

शब्द और अर्थ दोनों मिलकर काव्य कहलाते हैं।

कुन्तक : शब्द और अर्थ के विशिष्ट सम्बन्ध की पहचान

इस प्रकार भामह ने दोनों परम्पराओं का समन्वय किया। किन्तु शब्द और अर्थ के विशिष्ट सम्बन्ध की पहचान, इसकी स्पष्ट और सूक्ष्म व्याख्या का श्रेय कुन्तक को है। आचार्य कुन्तक ने भामह की काव्य की परिभाषा को अतिव्याप्ति दोष से पूर्ण माना और कहा—

शब्दार्थौ सहितावेव प्रतीतौ स्फुरतः सदा।
सहिताविति तावेव किमपूर्वं विधीयते। 1/16

—किन्तु न वाच्यवाचकलक्षणशाश्वतसम्बन्धनिबंधनं
वस्तुतः साहित्यमित्युच्यते।

अपने ग्रन्थ वक्रोक्तिजीवितम् में 'सहित' शब्द एवं भाव की सटीक व्याख्या करते हुए कुन्तक ने बताया कि वाच्य और वाचक का सम्बन्ध नित्य,

शाश्वत, स्वभावसिद्ध, निसर्गसिद्ध है। अतएव उन्होंने आचार्य भामह की परिभाषा में अतिव्याप्ति दोष माना। उन्होंने कहा कि शब्दार्थ का साहित्य तो हमेशा ही प्रतीत होता है। इसमें नई बात क्या है? इस प्रकार की अतिव्याप्ति से तो पाणिनि के कठिन कल्पना द्वारा विरचित सूत्र गाङ्कुटादि और गाड़ीवान (शाकटिक) आदि के असम्बद्ध वाक्य भी 'साहित्य' की कोटि में आ जाएँगे। अभी तक यह जो 'साहित्य' है वह इतने असीम समय कवि परम्परा में केवल साहित्य शब्द से प्रसिद्ध रहा है। किसी ने विचार नहीं किया कि यह कवि कर्म कौशल की पराकाष्ठा से मनोहर है—'काष्ठाधिरूढ़ि रमणीय' है।

इसे स्पष्ट करते हुए आचार्य कुन्तक ने इस विशिष्ट सम्बन्ध की व्याख्या की। उन्होंने इस विशिष्ट सम्बन्ध की पहली विशेषता 'अलौकिक भाव' माना।

'सहित्योर्भव: साहित्यम्। अन्यो: शब्दार्थयोर्या
काप्यलौकिकी ...अवस्थितिर्विचित्रैव विन्यासभंगी।'

यह अलौकिकता आती है अन्योन्य प्रतिस्पर्द्धा से—

कीदृशी—*अन्यूनानतिरिक्तत्वमनोहारिणी परस्परस्पर्धित्वरमणीया।*

यानी रमणीयता के मैदान में प्रतिस्पर्द्धा! शब्द अर्थ से और अर्थ शब्द से आगे निकलना चाहे। अन्योन्य प्रतिस्पर्द्धा। कौन किसके आगे है और कौन किससे कम या अतिरिक्त कहना, सम्भव नहीं। अन्योन्य एवं अतिरिक्त, दोनों विशेषण एक साथ। यह होड़ रमणीयता-सौन्दर्य के मामले में जिसमें कोई किसी से न्यून न हो, न ही अतिरिक्त हो—अर्थात् निर्णय न हो।

भोज ने *सरस्वतीकंठाभरण* में इस भाव की व्याख्या इस पद से की—

अर्थस्थ पदानां च तुल्यविधृतवत तुल्यत्वेव सम्मित्वम।

यानी समता इस प्रकार की हो जैसे तराजू के पलड़े।

इस प्रकार शब्द और अर्थ का यह बैलेंस कुन्तक द्वारा पहली बार इतने अच्छे ढंग से परिभाषित किया गया। इसने पहली बार स्पष्ट किया कि शब्द अपने अर्थ के कारण ही सुन्दर लगता है।

वामन : विवेचनात्मक दृष्टि और सौन्दर्य विशेष की ओर संकेत

वामन अलंकारवादी थे। उनका ग्रन्थ है—काव्यालंकार सूत्र वृत्ति। एवं उनकी प्रसिद्ध मान्यता है 'सौन्दर्यम् अलंकार:'। टीकाकार सहदेव के अनुसार वामन

का ग्रन्थ कुछ काल तक प्रचार में नहीं रहा। बाद में मुकुल भट्ट को एक प्रति उपलब्ध हुई और उन्होंने इसका प्रचार किया। इसके कारणों की खोज की जानी चाहिए और देखना चाहिए कि क्या इसके पीछे उन कवियों की नाराजगी थी जो उस समय प्रचलित थे। ऐसा इसलिए प्रतीत होता है क्योंकि वामन से पहले प्रत्युदाहरण तथा दोष प्रकरण के उदाहरण अज्ञात कवियों के दिए जाते थे। वामन ने लिखा भी—*प्रत्युदाहरणं तु भूयः सुलभं च*। वामन ने पहली बार प्रसिद्ध काव्यों के उदाहरण दिए। और यही प्रथा आगे चली।

वामन ने कवि कहलाने वाले कवियों (कवि ब्रुव) के झुंड में सत्कवियों की प्रतिष्ठा की रक्षा की। उन्होंने अरुचि एवं अविवेक के बीच अन्तर करते हुए कहा कि अरुचि का परिहार शास्त्र ज्ञान से सम्भव है परन्तु अविवेकी का इलाज नहीं है—

अरोचकिनः सतृणाभ्यवहारिणश्च कवयः।
पूर्वे शिष्याः विवेकित्वात्।
नेतरे तद्विपर्ययात् न शास्त्र मद्रव्येष्वर्थवत्।
न कतकं पंकप्रसादानाय। (1/2/1-5)

यानी अरोचकी (ऐसे लोग जिन्हें रुचि है; परन्तु किसी कारण वह नष्ट हो गई है) शास्त्र ज्ञान होने के बाद अपने दोषों को यत्नपूर्वक दूर कर लेते हैं; किन्तु सतृणाभ्यवहारी (तुसी के साथ अनाज खानेवाले, अविवेकी) के लिए यह असम्भव है। मैले पानी में कतक फल डालने से यह शुद्ध हो जाता है परन्तु कीचड़ नहीं।

वामन ने काव्य का वर्गीकरण अनिबद्ध और निबद्ध, मुक्त तथा सर्गबद्ध के रूप में किया।

मुक्तक—

असंकलितरूपाणां काव्यानां नास्ति चारुता
न प्रत्येकं प्रकाशन्ते तैजसाः परमाणवः ॥ —1/3/29

निबद्ध—

क्रमसिद्धिस्तयोः स्रगुत्तंसवत्। 1/3/28

माला और मौर के समान दोनों की क्रम से सिद्धि होती है।

—संदर्भेषु दशरूपकं श्रेयः। 1/3/30
—संदर्भेषु = प्रबंधेषु

तद्धि चित्रं चित्रपटवद्विशेषसाकल्यात्। 1/3/31

वह चित्रपट के समान समस्त विशेषताओं से युक्त होने के कारण चित्रवत् है।

इसलिए वामन ने रीति की प्रशंसा की, एवं कहा कि रीतिरात्मा काव्यस्य। 1/2/6

इस आधार पर वामन को रीतिवादी कहना ठीक नहीं है। वैदर्भी, गौड़ी और पांचाली तीन रीतियों का सोदाहरण परिचय देने के बाद वे कहते हैं—

एतासु तिसृषु रीतिषु रेखास्विव चित्रं काव्यं प्रतिष्ठितमिति। 1/2/13

यानी इन तीन रीतियों के भीतर काव्य इस प्रकार प्रतिष्ठित है जिस प्रकार रेखाओं के भीतर चित्र। तात्पर्य यह कि काव्य चित्र है तो रीतियाँ उसकी रेखाएँ मात्र।

वामन ने कविता में 'काव्यपाक' की अवधारणा पर बल दिया।

यत् पदानि त्यजन्त्येव परिवृत्तिसहिष्णुताम।
तं शब्दन्यासनिष्णाताः शब्दपाकं प्रचक्षते॥ 1/3/15

जहाँ पद परिवृत्ति सहिष्णु न हो, बदली न जा सके। शब्द का स्थान न बदले; शब्द का पर्याय न सम्भव हो।

= *पदनिवेशनिष्कम्पता।*

आम्रपाक और वृतान्त पाक में अन्तर दृढ़ता से दर्शाया। वामन ने काव्य में गुणों और अलंकारों के बीच विभेद किया।

काव्यशोभायाः कर्तारो गुणाः।
तदतिशयहेतवः अलंकाराः॥

दृष्टान्त—युवती का रूप मूलतः शुद्ध गुणों से युक्त हो तो अलंकार-विहीन अवस्था में भी सुन्दर दीखता है। उसी प्रकार शुद्ध गुणों से युक्त काव्य भी रसिकों को आनन्द देता है। इसी बीच उन अंगों को अलंकार प्राप्त हुए तो उनका सौन्दर्य और भी अच्छे ढंग से प्रतीत होगा, इसमें सन्देह नहीं। इसके विपरीत यदि अलंकार हो और गुण न हो तो सुन्दरता की प्रतीति न होगी। अलंकार उसके शरीर पर रोते ही रहेंगे।

सौन्दर्यमलंकार : इसकी अवधारणा देते हुए उन्होंने इसे गुण से अलग किया। काव्य एक असामान्य विशिष्ट वस्तु है अतः सौन्दर्य जो कि काव्य

का ही एक अन्तिम अंश है, सामान्य अर्थ में 'गुण' नहीं कहा जा सकता। क्योंकि सौन्दर्य को पीले या हरे रंग के सदृश गुण रूप में हम नहीं मान सकते। इसका अनुभव किया जा सकता है, उसके कारण का पता लगाया जा सकता है परन्तु उसका वर्णन नहीं किया जा सकता।

इसके विपरीत 'गुण' शब्द और अर्थ से सम्बद्ध है। शब्द और अर्थ काव्य के वस्तु कारण (Material Cause) हैं। जैसे सूत्र का रंग वस्त्र के रंग का असमवायी कारण है, वैसे शब्द और अर्थ काव्य के असमवायी कारण हैं।

गुण Structure है। रीतियों का वर्गीकरण शब्द और अर्थ के अनुसार करने का यही कारण है। पद रचना काव्य का शरीर है और विशिष्टता उसकी रीति है। इस प्रकार 'रीतिरात्मा काव्यस्य' में आत्मा = शरीर। सौन्दर्य इससे भिन्न है।

वामन ने उपमा का महत्त्व और उसकी सीमाएँ भी बताईं। उन्होंने माना कि सभी अलंकार उपमा के ही प्रपंच हैं। उन्होंने माना कि उपमान को लोक प्रसिद्ध होना चाहिए, जैसे मुख कमल तो ठीक है लेकिन मुख कुमुद नहीं।

कल्पित उपमा के उदाहरण—

सद्योमुंडितमत्तहूणचिबुकप्रस्पार्धिनारंगकम्।

उपमेय है नारंगी। उपमान है सद्योमुंडित और पिये हुए हूण का लाल चिबुक। एक तो हूण का चेहरा प्रकृत्या लाल, उस पर पिए हुए, फिर सद्यमुंडित। शेव किया हुआ—उसकी दाढ़ी।

गद्य के भी रोचक भेद किए—वृत्तिगन्धि, चूर्ण और उत्कलिका।

**(उपरोक्त क्लास के नोट्स उपलब्ध नहीं हैं। सम्भवतः किसी कारणवश मैं क्लास में उपस्थित नहीं था। ये नोट्स नामवरजी के सूत्रबद्ध नोट्स से लिये गए हैं। इनसे स्पष्ट होता है कि गुरुवर कितनी तैयारी के साथ आते थे। परन्तु इसका एक दूसरा पक्ष यह भी है कि इनमें लिखे सूत्र संकेत मात्र होते थे। वे जो क्लास में पढ़ाते थे उसका 10 प्रतिशत भी ये नोट्स नहीं हैं। क्लास में एक अविरल प्रवाह—बोधगम्यता होती थी। सावधानी से देखने पर मैंने पाया कि गुरुवर प्रायः नोट्स में लिखे क्रम से नहीं पढ़ाते थे। उनका अपना क्रम रहता था। ये नोट्स प्रायः सन्दर्भ नोट करवाने में काम आते थे। उनकी दूसरी कक्षाओं से इसकी तुलना करने पर यह बात स्पष्ट हो जाती है।)*

दिनांक : 18.2.92

मम्मट के काव्यलक्षण की विवेचना और रमणीयता/लोकोत्तर का अभिनिवेश

काव्य की सबसे प्राचीन परिभाषा भामह की है और उसी परम्परा में कुन्तक की प्रसिद्ध व्याख्या है। दूसरी और अधिक प्रचलित व्याख्या आचार्य मम्मट के काव्य-ग्रन्थ 'काव्य-प्रकाश' में मिलती है जो संस्कृत काव्य-शास्त्र की एक टेक्स्ट बुक के रूप में मान्य है। मम्मट 11वीं शताब्दी में हुए जब संस्कृत काव्य-शास्त्र के सभी विचार सामने आ चुके थे, उन्होंने अपने ग्रन्थ में संग्रह और त्याग के बीच समन्वय स्थापित किया। उनकी समाहार शक्ति, कम-से-कम शब्दों में सब कुछ समेटने की कला—उनकी सूक्ष्मता और पांडित्य को प्रकट करती है। साहित्य दर्पण के लेखक आचार्य विश्वनाथ हैं और काव्य-प्रकाश के आचार्य मम्मट। विद्वानों में काव्य-शास्त्र/काव्य की परिभाषा/ व्याख्या के लिए ये सबसे प्रचलित ग्रन्थ हैं। इनमें भी काव्य-प्रकाश पर सर्वाधिक टीकाएँ लिखी गई हैं।

मम्मट ने पहले अध्याय की तीसरी कारिका (कारिका-पद्य, सूत्र 12-गद्य, वृत्ति-गद्य) में अपनी स्थापना दी—

'तददोषौ शब्दार्थौ सगुणावनलंकृती पुनः क्वापि'

यानी वह (काव्य) दोषों से रहित है, गुण युक्त है, कहीं-कहीं अलंकार रहित है और शब्द एवं अर्थ का सहित भाव है।

इस स्थापना की मुख्य बातें—

1. शब्द और अर्थ दोनों की समष्टि में ही काव्य है।

2. कहीं-कहीं अलंकार रहित का निहितार्थ है सामान्यतः अलंकार सहित। अलंकार रहित का मतलब है—स्पष्ट नहीं—स्फुट नहीं—अलंकार स्फुट न भी हो (पुनः क्वापि) तो काव्यत्व की हानि नहीं होती।

3. जहाँ रस और व्यंग्य एकदम न हो वहाँ अलंकार होना चाहिए।

आचार्य मम्मट ध्वनिवादी और रसवादी थे। उन्होंने अपनी स्थापना को उदाहरण द्वारा स्पष्ट किया—(प्रतिभावान थे। प्रतिभा हो तो मेहनत कम भी चल सकती है। प्रसाद का उदाहरण। प्रतिभा कम हो तो मेहनत तो करनी ही पड़ेगी)। उन्होंने स्पष्ट मत रखा कि रस ध्वनि एवं गुण से युक्त साहित्य ही काव्य की कोटि में रखा जा सकता है।

आचार्य मम्मट के इस सिद्धान्त की धज्जियाँ उड़ाईं आचार्य विश्वनाथ ने। काव्य के 'अदोष' होने पर टिप्पणी करते हुए उन्होंने लिखा कि ऐसा कोई काव्य मिल ही नहीं सकता जो दोष रहित हो। यदि इस परिभाषा को मान लिया जाए तो कालिदास एवं वाल्मीकि का भी साहित्य 'काव्य' से बाहर मान लिया जाएगा। ऋषियों के दोष को 'आर्ष प्रयोग' कहा जाता है। 'इन्दु' की किरणों के कारण उसका दोष नहीं देखा जाता। रत्न आदि में कीड़े लगे हों तो भी उन्हें रत्न ही कहा गया है। दोष नहीं देखने की परिभाषा काव्य के लिए सही नहीं है।

'सगुणौ' की आलोचना करते हुए आचार्य विश्वनाथ ने कहा कि यहाँ सगुणौ विशेषण है शब्दार्थ का, जबकि काव्य में 'गुण' रस का धर्म होता है, शब्द और अर्थ का नहीं। प्रसाद, माधुर्य एवं ओज रस के गुण होते हैं।

'अनलंकृती पुनः क्वापि' पर चोट करते हुए उन्होंने कहा कि इस स्थापना में ही 'अलंकार' है। मम्मट द्वारा अलंकार की सत्ता के अस्फुट रहने के लिए दिया गया उदाहरण है—

यः कौमारहरः स एव हि वरस्ता एव चैत्रक्षपा-
स्ते चोन्मीलितमालतीसुरभयः प्रौढ़ाः कदम्बानिलाः।
सा चैवास्मि तथापि तत्र सुरतव्यापारलीलाविधौ
रेवारोधसि वेतसीतरुतले चेतः समुत्कण्ठते॥ —**प्रथम उल्लास सूत्र**-1,1

विभावना वह अलंकार है जहाँ कारण न होते हुए भी कार्य होना बताया जाए, विशेषोक्ति वहाँ है जहाँ कारण के मौजूद होने पर भी कार्य न हो।

मम्मट की स्थापना के पक्ष में दिए गए उदाहरण की पड़ताल करते हुए विश्वनाथ ने बताया कि इस श्लोक में कार्य उत्कंठा है जो कि नई वस्तु में होती है। इसमें उत्कंठा का कोई कारण नहीं होता। सभी पूर्व ज्ञात वस्तुएँ। रेवा का तट—चाँदनी रात। कोई कारण नहीं होते हुए भी कार्य होने के कारण इसमें चमत्कार है—इसलिए विभावना अलंकार है। इसको उलट दीजिए। सब कुछ है किन्तु कुछ भी नहीं। यह विशेषोक्ति अलंकार है। अतएव यह लक्षण उचित नहीं है। अतएव 'अदोषौ', 'सगुणौ' एवं अलंकार का नहीं होना—ये तीनों स्थापनाएँ दोषपूर्ण हैं।

मम्मट की स्थापना पर अन्तिम प्रहार पंडितराज जगन्नाथ ने किया। इनका काल जहाँगीर का काल था एवं प्रसिद्ध ग्रन्थ 'रसगंगाधर'। कहते हैं

कि विश्वनाथ कुशा उखाड़ते रहे, मट्ठा डालने का काम तो जगन्नाथ ने किया। वे शब्दवादी थे एवं विशेष प्रकार के शब्द को ही काव्य मानते थे। उन्होंने मम्मट की परिभाषा में व्यासज्य वृत्ति दोष माना। 'एको न द्वौ' के आधार पर उन्होंने कहा कि शब्द और अर्थ दोनों में काव्य नहीं हो सकता। साथ ही शब्द और अर्थ प्रत्येक में भी नहीं हो सकता। प्रत्येक पर्याप्त दोष हो जाएगा। वास्तव में संस्कृत काव्य-शास्त्र की अधिकांश स्थापनाओं के मूल में दर्शन है। पंडितराज जगन्नाथ अद्वैतवादी थे और इतनी दूर तक कि मात्र शब्द में काव्य मानते थे। उन्होंने माना कि शब्द और अर्थ दोनों की सत्ता एक साथ स्वीकारी नहीं जा सकती। उन्होंने शब्द को जड़ सहित स्थापित करने का प्रयास किया।

'रसगंगाधर' की टीका संस्कृत काव्यशास्त्र की परम्परा के अन्तिम बड़े विद्वान एवं अन्तिम पंडित नागेश भट्ट ने लिखी, 18वीं सदी में। उन्होंने पंडितराज जगन्नाथ से असहमति जताते हुए कहा कि रस यदि व्यंजित एवं ध्वनित भी होता है तो यह भी 'अर्थ' ही है। उन्होंने कहा कि केवल संगीत में ही 'रस' हो सकता है। काव्य यदि है तो उसमें शब्द होगा और शब्द का अर्थ भी होगा। यानी व्यासज्यवृत्ति में काव्य हो सकता है। शाब्दी और आर्थी व्यंजना दोनों सम्भव है। सहअस्तित्व। उन्होंने आचार्य विश्वनाथ के मत की भी आलोचना करते हुए लिखा कि अलंकार दिखाने के लिए उन्होंने खींचतान कर विभावना और विशेषोक्ति बताई। मम्मट के उदाहरण में अलंकार स्फुट नहीं है अतएव आपत्ति ठीक नहीं है। मम्मट की 'अदोष' की व्याख्या करते हुए उन्होंने कहा कि 'अदोष' का मतलब दोषरहित होने से नहीं था। वात-पित्त-कफ त्रिदोष कहे जाते हैं। इनमें असन्तुलन से 'दोष' होता है। दोष तभी जब कोई चीज अधिकता में हो। चेहरे पर तिल आकार का काला धब्बा दोष नहीं है। वह अधिक बड़े आकार में हो तो दोष दिखेगा। यदि दोष रस में बाधक हो तो ही दोष माना जाएगा। बड़ा दोष हो। रस में बाधक हो। सबल और दुर्बल दोष होते हैं। इसी प्रकार सगुणौ की व्याख्या करते हुए उन्होंने मम्मट का समर्थन किया। उन्होंने कहा कि गौण रूप से गुण शब्द और अर्थ के भी होते हैं। प्रसाद गुण रस का ही है किन्तु शब्द के धरातल पर तत्त्वतः यह रस का धर्म है किन्तु गौणतः शब्द और अर्थ का भी गुण है। क्रमवार पहले शब्दार्थ में निहित दोषों का प्राच्छालन कीजिए फिर गुणाधान कीजिए।

तब एकाध गहना–गुरिया पहन लीजिए। नहीं हो तो भी चलेगा। ऐसा मत था आचार्य मम्मट का अलंकार बहुत जरूरी नहीं है। एक अपभ्रंश कवि ने उस 'अकिंचना सुन्दरी' के सौन्दर्य का उल्लेख किया है जिसके सिर पर एक फटी–पुरानी कमली थी, गले में दस–बीस गुरियों की माला—फिर भी गोष्ठ के रसिकों को उठक–बैठक के लिए बाध्य होना पड़ा—

सिरि जरखंडी लोअड़ी गलि मणि अड़ा न बीस।
तोवि गोट्ठड़ा कराविआ मुद्धए उट्ठबईस॥

मतलब यह कि उठक–बैठक वाले मिल जाएँगे। अलंकार पहनिए या नहीं। इस प्रकार नागेश भट्ट ने जगन्नाथ की 'रमणीयार्थप्रतिपादकः शब्दः काव्यम्' के बरक्स मम्मट के मत को रखा।

इस प्रकार हम देखते हैं कि आचार्य मम्मट समन्वयवादी थे तुलसी भी थे। उन्होंने जो कहा उनसे पहले आचार्य वामन कह चुके थे। अदोषौ एवं सगुणौ की चर्चा वामन कर चुके थे। मम्मट ने उसमें अलंकार सम्बन्धी मत जोड़ा। मम्मट ने मानक परिभाषा निर्मित की। मम्मट के बाद पंडितराज ने कहा शब्द ही काव्य है। अर्थ उसका विशेष्य है। सब शब्द नहीं, जो रमणीयता का प्रतिपादन करे। सुन्दरता वाचक–रमणीय शब्द लिया गया है। अर्थ का विशेषण है रमणीय। आनन्दवर्द्धन सहृदय को आह्लादित करने वाले शब्दार्थ की बात करते हैं—सहृदयश्लाघ्य। कुन्तक के अनुसार अपने स्पन्द से ही सुन्दर हो। स्पन्द शैवादर्शन का शब्द है। रमणीयता कैसी ? लोकोत्तर आह्लाद जन्य ज्ञान गोचरता। लोकोत्तर आह्लाद का बोध कराए। रमणीयता गोचर होनी चाहिए। इन्द्रियबोध का विषय है। यह रमणीयता केवल भावोच्छ्वास का विषय नहीं वरन् बोध का, ज्ञान का भी विषय है। बोध के साथ आह्लाद अर्थात् भाव एवं बोध। अभिनव गुप्त भी लोकोत्तर की बात करते हैं। यह चमत्कार का विषय है। ऐसा बोध जो पुनः अनुसंधानात्मक हो। वह गोचरता जो पुनः पुनः अनुसंधान का विषय हो। यहाँ नई सूझ को महत्त्व दिया गया। भावना या कल्पना कह सकते हैं। पंडितराज जगन्नाथ काव्य में चमत्कार, नई सूझ को महत्त्व देते थे।

कुन्तक : वक्रता का सौन्दर्य और काव्य के अखंड स्वरूप की खोज

दिनांक : 4.3.92

गुरुवर ने काव्यशास्त्र के विश्लेषण के क्रम भरत मुनि, भामह, वामन, मम्मट, आचार्य विश्वनाथ, पंडित राज जगन्नाथ तथा नागेश भट्ट के मतों का उल्लेख किया। परन्तु स्वतंत्र रूप से उन्होंने कुन्तक, आनन्दवर्धन तथा अभिनव गुप्त पर अपना ध्यान केन्द्रित किया।

कालक्रम की दृष्टि से कुन्तक आनन्दवर्धन (950 ई.) एवं अभिनव गुप्त (1000 ई.) के बीच आते हैं। कुन्तक का काल 950 ई. है। अन्त:साक्ष्यों के आधार पर कुन्तक को आनन्दवर्धन का कनिष्ठ एवं अभिनव गुप्त का वरिष्ठ समकालीन माना जा सकता है। भट्टनायक और कुन्तक के समकालीन होने की सम्भावना है। आनन्दवर्धन की गहरी छाप होते हुए भी कुन्तक का प्रस्थान बिन्दु अलग है। कुन्तक को अपनी प्रतिभा पर अभिमान था। इसे उचित अभिमान कह सकते हैं।

कुन्तक को चुनने का एक दूसरा कारण भी है। संस्कृत काव्यशास्त्र में अलंकार और रस–ध्वनि की दो परम्पराएँ हैं। वामन अलंकारवादी थे एवं कुन्तक भी। कुन्तक का *वक्रोक्तिजीवितम्* मिलता है। इसका प्रथम संस्करण एस.के. डे ने 1928 में निकाला था। यह खंडित संस्करण था। इस ग्रन्थ का विभाजन चार उन्मेषों में था। उन्मेष खंडों के लिए मौलिकता दिखाने के लिए दिया गया नाम था। डॉ. विश्वेश्वर ने इसे पूर्ण रूप से चारों उन्मेषों के साथ प्रकाशित किया। इसका सर्वोत्तम संस्करण प्रो. के. कृष्णमूर्ति का है जिसमें उन्होंने जैसलमेर भंडार से प्राप्त पांडुलिपियों को भी संकलित किया है। यह आश्चर्य की बात है कि

कुन्तक की जानकारी सबको थी, परन्तु उनके इस ग्रन्थ पर कोई टीका नहीं लिखी गई। इसका कारण सम्भवतः उनका अधिक लोकप्रिय न होना था। अभिनव गुप्त एवं आनन्दवर्धन जैसे सूर्य के सामने कुन्तक दीप हो गए।

हिन्दी साहित्य में कुन्तक की चर्चा आचार्य रामचन्द्र शुक्ल ने *चिन्तामणि* भाग-2 में काव्य में अभिव्यंजनावाद वाले लेख में की। उन्होंने क्रोचे के अभिव्यंजनावाद को कलावाद मानते हुए उन्हें कुन्तक का विलायती संस्करण माना। इस प्रकार क्रोचे के एस्थेटिक्स एवं कलावाद पर प्रहार करने के क्रम में संस्कृत काव्यशास्त्र से अधिक हिन्दी आलोचना ने कुन्तक पर ध्यान दिया।

इसके बावजूद कुन्तक कई दृष्टि से अनोखे काव्यशास्त्री हैं। कुन्तक की काव्यशास्त्रीय प्रतिभा का साक्ष्य कवि प्रतिभा / कवि व्यापार, क्रिएटिव इमेजिनेशन की दृष्टि से समस्त काव्य चिन्तन पर विचार करना है एवं संस्कृत काव्यशास्त्र में ऐसा करनेवाले वे एक मात्र काव्यालोचक हैं। व्यावहारिक समीक्षा जो आधुनिक आलोचना का आभास देती है वह कुन्तक में ही मिलती है।

व्यावहारिक आलोचना में भी कुन्तक में सहृदय पक्ष प्रबल है। काव्यशास्त्र में उदाहरण देकर व्याख्या करने की परम्परा वामन से आरम्भ हुई थी। परन्तु अधिकांश काव्यशास्त्रियों ने—यहाँ तक कि पंडितराज जगन्नाथ ने प्रायः अपनी ही कविता का उदाहरण दिया है। केवल कुन्तक और आनन्दवर्धन ने दूसरे कवियों के उदाहरण देते हुए काव्य का विश्लेषण किया है जिससे उनके सहृदयत्व का पता चलता है। इनमें भी कुन्तक कुछ बातों में श्रेष्ठ हैं। जैसे कि आनन्दवर्धन ने प्रायः मुक्तकों का उदाहरण दिया है। अन्तिम प्रकरण में *महाभारत* एवं *रामायण* के उदाहरण दिए हैं। उनके समक्ष कुन्तक ने अपनी व्यावहारिक आलोचना में नाटक, मुक्तक, प्रबन्ध कई प्रकार के ग्रन्थों की तुलनात्मक व्यावहारिक आलोचना की है। इस प्रकार एक तो कुन्तक में व्यापकता है, दूसरे उनमें तुलनात्मकता एवं सूक्ष्म विवेचन है। इसी गुण को रेखांकित करते हुए कृष्णमूर्ति को कुन्तक सहृदयों में अधिक ऊँचे दिखाई देते हैं।

कुन्तक एक और बात में अलग हैं। अलंकार शास्त्र के अधिकांश आचार्यों ने काव्य-मुख से विचार किया है। आनन्दवर्धन के यहाँ भी प्रधानता

काव्य की है। कुन्तक ने कवि मुख और उनके समकालीन भट्टनायक ने सहृदय मुख से विचार किया है। व्यापार प्राधान्यवाद माननेवाले यही दो आचार्य हैं। व्यापार में सहृदय व्यापार भट्टनायक एवं कवि व्यापार कुन्तक में मिलता है। इसमें भी भट्टनायक का ध्यान साधारणीकरण पर अधिक था। हिन्दी का साधारणीकरण (इम्पेथी) भट्टनायक की देन है। इससे निष्कर्ष निकलता है कि कवि-व्यापार पर विचार करनेवाले अकेले कुन्तक हैं। कवि-व्यापार पर विचार करने की वजह बताते हुए कुन्तक मानते हैं कि कवि का कर्म काव्य है अतएव कवि को जाने बिना काव्य नहीं समझा जा सकता। काव्य व्यापार ही कवि व्यापार हुआ। कवि की प्रतिभा ही वह शक्ति है जिससे यह व्यापार सम्भव होता है। यह प्रतिभा वही है जिसे क्रोचे ने सहजानुभूति (इंट्यूशन) कहा है एवं क्रिएटिव इमैजिनेशन से जोड़ा है। प्रतिभा में एक और अर्थ है—भावात्मकता। अंग्रेजी में इमैजिनेशन में भावपरकता है या नहीं यह विवादास्पद है। इंट्यूशन में फ्लैश ऑफ इमैजिनेशन।

1920 के आसपास रामानुजम हुए थे। कम पढ़े-लिखे थे। परन्तु इंट्यूशन सम्पन्न *थ्योरी ऑफ नम्बर्स* के अद्‌भुत विद्वान थे। यह फ्लैश के रूप में स्वत:स्फूर्त प्रतिभा थी। कहा जाता है कि *कामायनी* की परिकल्पना भी फ्लैश के रूप में हुई थी। *क्रिएटिव इमैजिनेशन बुद्धि* का व्यापार नहीं है। रसत्व कल्पना का व्यापार नहीं है। प्रतिभा में हृदयात्मकता के साथ भावात्मकता भी है।

काव्यशास्त्र में कवि-व्यापार को कवि की शक्ति और कवि की उस शक्ति को प्रतिभा कहा गया। कवि के तीन गुण शक्ति या प्रतिभा, निपुणता (स्किल) एवं अभ्यास (प्रैक्टिस) माने गए। कभी अन्धे के हाथ भी बटेर लग सकता है। बटेर मर गया तो इसका अर्थ नहीं कि आप बटेर मारने की प्रतिभा रखते हैं। और प्रतिभा हो भी तो अभ्यास आवश्यक है। आजकल के कवि दो छन्द अच्छे लिखकर अपने को जयशंकर प्रसाद समझने लगते हैं। परन्तु प्रतिभा रहते हुए भी अभ्यास आवश्यक है। इस प्रकार काव्य व्यापार में कवि मुख की स्थापना और प्रतिभा की स्थापना करना कुन्तक का महत्त्वपूर्ण योगदान रहा।

*[काव्य व्यापार में कवि मुख की स्थापना के लिए कुन्तक के योगदान की चर्चा के सन्दर्भ में गुरुवर ने समर्पण भाव की चर्चा की। उन्होंने अच्छा

साहित्यकार बनने के लिए पूर्ण समर्पण का भाव होने पर बल देते हुए एक पुरानी कथा का जिक्र किया। कहानी कुछ इस प्रकार है—राजा ने रानी के पाद-टिप्पणी कहने पर बड़ा सुन्दर संगमरमर का तालाब बनवाया। लेकिन उसमें पानी नहीं था। पुराने जमाने में पानी लाने के लिए बलि देने की प्रथा थी। मनुष्य की बलि देनी होती थी। इसलिए वह 'सरोवर' कहलाता था। काव्य में रस आता है कवि के आत्मबलिदान से।]

कुन्तक ने कवि प्रतिभा को पहचानने के लिए एक नए औजार को सामने किया। कविता में काव्य व्यापार में प्रतिभा कैसे प्रकट होती है, इसकी व्याख्या करते हुए कुन्तक ने कहा कि वह वक्रोक्ति है—जिसके माध्यम से कवि प्रतिभा की पहचान होती है।

वक्रोक्ति में 'वक्र' शब्द को कई प्रकार से समझा जा सकता है। अंग्रेजी में *डिविएशन* और हिन्दी में विपथन या विचलन इसके पर्याय हैं। जब आप एक *करेक्ट ग्रैमेटिकल सेंटेंस* से हटते हैं तो वह *डिविएशन* है। सीधी बात, सीधा रास्ता-सीधी रेखा जीवन और काव्य दोनों में दुर्लभ... वक्रता में कला है। उदाहरणस्वरूप—राम ने सुग्रीव से कहा, वह पन्थ जिससे बाली स्वर्ग गया यह न समझो कि वह सीधा रास्ता है। यहाँ भाषा में 'सीधा रास्ता' वक्रतायुक्त है। यह वक्रता जीवन के सभी क्षेत्रों में दिखाई देती है। बच्चों की सीधी रेखा में वक्रता है। द्राविड़ प्राणायाम में वक्रता है। नर्तक के खड़े होने, रहने में एक वक्रता है। और तिरछी नजर में वक्रता है। श्रीकृष्ण की छवि त्रिभंगी की है [इनकी तुलना में राम की छवि] सीधी रेखा सदैव कलात्मक हो आवश्यक नहीं। सेना की अटेंशन मुद्रा या राम की सीधी छवि। कुन्तक ने जोर देकर कहा कि कवि प्रतिभा वक्रोक्ति में है। वक्रता का *एस्थेटिक्स* ढूँढ़ना कुन्तक की बड़ी खोज थी।

ध्यान देने योग्य है कि 'वक्रोक्ति' की खोज कुन्तक से पहले की जा चुकी थी। भामह ने वक्रोक्ति अलंकार ढूँढ़ा था एवं उसकी व्यापकता का बखान कर चुके थे—

सैषा सर्वत्र वक्रोक्तिः (2/85)

कुन्तक के पहले दंडी लिख चुके थे कि वाङ्मय के दो ही प्रकार हैं—

भिन्नं द्विधा स्वभावोक्तिर्वक्रोक्तिश्चेति वाङ्मया।

(2/363)

फिर भी वक्रोक्ति का जैसा वर्णन कुन्तक ने किया है वह अपूर्व है। उनके पहले यह अनेक अलंकारों में एक था। कुन्तक ने कहा कि यह अनेक में से एक नहीं वरन सबका प्राण है। बुनियादी है। वक्रोक्ति काव्य का बुनियादी गुण है। उसका स्वरूप विवेचित करते हुए कुन्तक ने कहा—

वक्रोक्तिरेव वैदग्ध्यभङ्गीभणितिरुच्यते। 1/10
वृत्ति—कीदृशी—वैदग्ध्यङ्गीभणिति।
वैदग्ध्यं विदग्धभाव:
कविकर्मकौशलं तस्य भङ्गी विच्छित्ति:, तथा भणिति:
विचित्रैवाभिधा वक्रोक्तिरित्युच्यते।

विच्छित्ति—एक प्रकार का अलंकरण है। यह कालिदास का प्रिय शब्द है।

वैचित्र्य : लाखों में एक। भीड़ में अलग दिखनेवाला। अब इसका एक तरीका है कि सिर के बल खड़े हो जाइए। या गदहे पर सवार हो जाइए। ऐसा वैचित्र्य नहीं। वैचित्र्य हो पर विच्छित्ति भी साथ में होनी चाहिए। अष्टवक्रता नहीं। वक्रता के साथ भंगीभणिति। स्ट्राइकिंगनेस एंड चार्मिंगनेस साथ-साथ।

कुन्तक ने कहा कि वक्रता के प्रकार की गणना तो नहीं हो सकती पर सुविधा की दृष्टि से वक्रता को छह भागों में बाँटा। वर्ण-पद-प्रत्यय-वाक्य-प्रकरण-प्रबन्ध। परन्तु यह भी कहा कि इसके अनन्त प्रकार हो सकते हैं क्योंकि कवि प्रतिभा की कोई सीमा नहीं है। जब कुन्तक कहते हैं कि वक्रता के अनगिनत प्रकार हो सकते हैं एवं इसमें अभिधा व्यापार, गुण वृत्ति एवं लक्षणा-व्यंजना भी आ जाते हैं। इसमें ध्वनि भी है। जितने प्रकार के चमत्कार हैं वे सभी वक्रोक्ति में आ जाते हैं।

कुन्तक ने *यूनिफाइड व्यू ऑफ पोएट्री* का विचार दिया। उनका मत था कि काव्य एक अखंड अविभाज्य इकाई है। शब्द और अर्थ अलंकार्य हैं—

उभावेतावलंकार्यौ...।
शब्दार्थावलंकार्यावलंकरणीयौ।

अलंकार है 'वक्रोक्ति'। अलंकार्य और अलंकार अभेद है। केवल अपोद्धार बुद्धि—विश्लेषण की सुविधा से यह विभाजन होता है। भाषा की सबसे छोटी इकाई वाक्य है। लेकिन पढ़ाए जाने में पहले वर्ण फिर शब्द पढ़ाया जाता है। यह सुविधा की दृष्टि से ही किया जाता है।

यह अखंड अविभाज्य वाक्य होता है—'वैयाकरणभूषण सार।' छोटे बच्चे जब बोलना सीखते हैं तो एक शब्द से वाक्य का काम लेते हैं। दूध कहने का अर्थ है दूध पिलाओ। अतएव तात्विक दृष्टि से एक शब्द एक वाक्य होता है। भर्तृहरि की वाक्यपदीय। इस प्रकार कुन्तक ने कहा कि काव्य का विश्लेषण करने के लिए कंटेंट और फार्म को अलगाया नहीं जा सकता। वे अर्द्धनारीश्वर की तरह सम्पृक्त हैं। काव्य में सुन्दरता का पक्ष अलगाया नहीं जा सकता। *यूनिटी ऑफ कंटेंट एंड फार्म* सिद्ध करने में यूरोप में 18वीं सदी लग गई। यह एक महत्त्वपूर्ण देन रही है कुन्तक की।

कुन्तक काव्य को अखंड अविभाज्य मानते थे। *आर्गेनिक*। वे कविता को अपनी समग्रता में देखने पर बल देते हैं। उन्होंने अपने ग्रन्थ के पहले उन्मेष की छठी कारिका में अवयवों को निरस्त करके समस्त (सकल) समुदाय में काव्यता को ही कवि कर्म माना है। अवयवों का तात्पर्य काव्य के अंगों से है। समस्त समुदाय *सकलस्य निरस्तावयवस्य सत: समुदायस्य काव्यता कविकर्मत्वम्*—में बल समग्रता पर है। सुन्दरता समग्रता में देखने की चीज है।

कुन्तक ने कहा कि कवि कर्म का विश्लेषण करते समय इस समग्रता का ध्यान रखना आवश्यक है। कवि प्रतिभा कोई ताले में बन्द चीज नहीं है जिसे किसी एक चाभी से खोला जा सके। फिर भी समझने-समझाने के लिए अपोद्धार-विश्लेषण आवश्यक है। इस विश्लेषण की पद्धति में एक शब्द एक वाक्य बन जाता है। जैसे कोई आपसे पूछता है कि आप कहाँ जा रहे हैं और आपका जवाब होता है होस्टल। यहाँ एक शब्द से एक वाक्य का बोध होता है क्योंकि अन्तर्निहित है कि मैं होस्टल जा रहा हूँ। इस प्रकार वर्ण से पद और पद से वाक्य का क्रम बनता है। जैसे कि 'क' वर्ण की कोई सत्ता नहीं है। सत्ता उससे बने पद 'काम' की है। पद या शब्द की भी अलग से कोई सत्ता नहीं है। यह सत्ता वाक्य में जुड़कर ही होती है।

इस अपोद्धार में कुन्तक ने कहा कि अलंकार एवं अलंकार्य (अलंकार Form एवं अलंकार्य Content) अलग-अलग नहीं हैं। कंटेंट एवं फार्म दोनों अलग-अलग नहीं हैं। *तीसरा सप्तक* में अज्ञेय ने एक महत्त्वपूर्ण बात कही। *सब्जेक्ट मैटर एवं कंटेंट में फर्क होता है।* उदाहरणस्वरूप बादलों पर

बहुत-सी कविताएँ लिखी गईं। इसलिए यह एक Subject matter है। लेकिन Subject matter से कविता का कोई अन्दाजा नहीं लगाया जा सकता। प्रत्येक कविता का अपना वसन्त, अपना मेघ होता है। निराला का बादल एक विशेष प्रकार के भाव-बोध एवं संगीत से जुड़ा है और उसको पढ़ने के बाद बादल का जो रूप हमारे सामने आता है वह एक विशेष प्रकार का बादल है जिसका सम्बन्ध उससे जुड़े भावों और भावों से जुड़े शब्दों से है। इस प्रकार प्रत्येक कविता का अपना कंटेंट होता है। वह विषय-वस्तु नहीं अन्तर्वस्तु है।

कुन्तक ने विषयवस्तु को 'अलंकार्य' कहा जिसके अन्तर्गत शब्द और अर्थ दोनों हैं। यह चेतन शरीर है काव्य का। चेतनता आवश्यक है। हमारी परम्परा में चेतन का अलंकार किया जाता है, मुर्दों का नहीं। हाँ! हर चेतन भी अलंकार का पात्र नहीं है। अतएव चेतना एवं अलंकार्य होना आवश्यक है। ये दोनों आधार हैं। अलंकार्य अपने आप भी सुन्दर हो सकता है। कुन्तक से पूर्व स्वभावोक्ति अलंकार की चर्चा दंडी ने की थी। वास्तव में स्वभावोक्ति को अलंकार मानने की परम्परा कुन्तक से पहले भी थी। दंडी ने वक्रोक्ति की चर्चा स्वभावोक्ति के साथ की थी। अतएव वक्रोक्ति की स्थापना के लिए कुन्तक के सामने सबसे बड़ी चुनौती स्वभावोक्ति थी। इसलिए उन्होंने मंगलाचरण के दूसरे ही श्लोक में शिव वन्दना के ठीक बाद स्वभावोक्तिवादियों का प्रत्याख्यान किया—

यथातत्वं विवेच्यन्ते भावास्त्रैलोक्यवार्तिनः।
यदि तन्नाद्भुतं नाम दैवस्क्ता हि किंशुकाः॥

[यदि संसार के पदार्थों को वास्तविक रूप से निरूपित किया जाए तो अद्‌भुत नामक कोई पदार्थ नहीं है। किंशुक के फूल स्वभावतः लाल होते हैं, उसी प्रकार संसार के समस्त पदार्थों का सौन्दर्य स्वाभाविक ही होता है।]

यह स्वभावोक्तिवादी पूर्व पक्ष है। कुन्तक के पहले दंडी लिख चुके थे कि वाङ्मय के दो ही प्रकार हैं—

भिन्नं द्विधा स्वभावोक्तिर्वक्रोक्तिश्चेति वाङ्मय।

2/36

भामह भी इसकी व्यापकता का बखान कर चुके थे—

सैषा सर्वत्र वक्रोक्तिरनयार्थो विभाव्यते। **(2/85)**

फिर भी वक्रोक्ति का जैसा वर्णन कुन्तक ने किया है वह अपूर्व है। उन्होंने स्वभावोक्तिवादियों के विरुद्ध यह कहा कि—

वस्तुमात्रस्य शोभातिशून्यं न काव्यपदेशमर्हति।

(9/6) **की वृत्ति**

इसी प्रसंग में उन्होंने अलंकार एवं अलंकार्य का भेद निरूपण करते हुए कहा कि शब्द और अर्थ अलंकार्य हैं—

उभावेतावलंकार्यों... । 9/90

शब्दार्थावलंकार्यवलंकरणीयौ । 9/90

इससे अलंकार को अलग करते हुए उन्होंने वक्रोक्ति को अलंकार कहा और उसका स्वरूप विवेचित किया—

वक्रोक्तिरेव वैदग्ध्यभंङ्गीभणितिरूच्यते । 9/90

स्वभावोक्तिवादियों का खंडन करने के लिए कुन्तक ने उसी पद को लिया जिसे स्वभावोक्तिवादियों ने अपने समर्थन में लिया था। यह पद कालिदास के *अभिज्ञानशाकुन्तलम्* से था एवं दृश्य था रथ पर बाण चढ़ाए राजा एवं भागते मृग का। मृग भाग रहा है। डरा हुआ है एवं बीच-बीच में मुड़कर देखता है, सुन्दर दिखता है। बार-बार पीछे मुड़कर देखना एवं उससे उपजा सौन्दर्य मृग का स्वाभाविक वर्णन है—

ग्रीवाभङ्गाभिरामं मुहुरनुपतति स्यन्दने बद्धदृष्टिः
पश्चसर्धेन प्रविष्टः शरपतनभयाद्भूयशा पूर्वकायम्।
दर्भैरर्धावलोढैः श्रमविवृतमुखभ्रंशिभिः कीर्णवर्त्मा
पश्चोदग्रप्लुतत्वाद्वियति बहुतरं स्तोकमुर्व्यां प्रभाति॥

स्वभावोक्तिवादियों ने कहा कि मृग का शरीर अलंकार्य है एवं उसके मुड़कर देखने में स्वभावोक्ति अलंकार है।

कुन्तक ने इसका प्रत्याख्यान करते हुए कहा कि शरीर ही यदि अलंकार हो जाए तो वह अलंकरण किसका करेगा। उन्होंने कहा कि जिसे स्वभावोक्ति अलंकार कहा गया है वह अलंकार्य है। शरीर की चेष्टाएँ शरीर से अलग नहीं हैं क्योंकि ये हैं तो शरीर की ही चेष्टाएँ। कोई आदमी अपने ही कन्धे पर नहीं चढ़ सकता। अतएव स्वयं अपना शरीर अलंकार नहीं हो सकता। इस प्रकार स्वभावोक्तिवादियों का खंडन करते हुए उन्होंने कहा था कि स्वभावोक्ति में यदि वक्रोक्ति को मिलाया जाए तभी वह अलंकरण होगा।

इस प्रकार पूरे प्रकरण में उन्होंने कहा कि अतिरिक्त भंगिमा में ही वक्रोक्ति अलंकार है।

वक्रोक्ति की स्थापना कुन्तक का एक योगदान है परन्तु उनकी पहचान इससे आगे जाती है। उनका महत्त्व काव्य के अखंड स्वरूप (Organic) की विवेचना, कवि प्रतिभा एवं कवि व्यापार के महत्त्व की स्थापना, अलंकार एवं अलंकार्य के भेद-निरूपण तथा रसवत नामक अलंकार के खंडन के लिए भी है जिसे पूर्व के आचार्यों ने एक अलंकार माना था।

उनकी महत्त्वपूर्ण स्थापना कि काव्य अखंड अविभाज्य होता है उल्लेखनीय है। उन्होंने माना कि काव्य की कोटियाँ नहीं होतीं। काव्य या तो काव्य होता है या अकाव्य होता है। काव्य की श्रेणियाँ नहीं होतीं। पश्चिम में क्रोचे ने बाद में माना कि ग्रेडेशन ऑफ आर्ट नहीं होता है। यह उल्लेखनीय है कि काव्य की इसी विशेषता के कारण कुन्तक ने काव्य-दोषों की चर्चा नहीं की है। उन्होंने गुणों की चर्चा की है, उसके अनेक रूपों का विवेचन किया है। उनकी मूल मान्यता है कि यदि काव्य है तो सुन्दर होगा ही। रीतियों का विभाजन भी उन्होंने गुणों के आधार पर किया। उन्होंने कहा कि काव्य का तो ग्रेड नहीं होता, रीतियों में भी ग्रेड नहीं होता। क्या कसौटी है कि ओज सुन्दर है और माधुर्य नहीं। सभी रीतियाँ समान महत्त्व की एक सी सुन्दर हैं। यदि रीतियों में सौभाग्य, लावण्य एवं औचिति है तो सभी रीतियाँ सुन्दर हैं। आज सौभाग्य का अर्थ भाग्य से लिया जाने लगा है परन्तु मूल शब्द सुभग है जिसका अर्थ है—सुन्दर। लावण्य—नमकीन। नमक सा। तिल छोटा हो तो सुभग होगा। बड़ा हो फैल जाए तो कुरूप। लवण की मात्रा का ध्यान आवश्यक है। औचित्य क्षेमेन्द्र का। अब दूसरी बात है कि सौन्दर्यबोध देखनेवाले पर निर्भर करता है। यह नहीं कह सकते कि अमिताभ सुन्दर है और ओम या नसीर नहीं। यह अपनी रुचि पर निर्भर है। गुजरात वालों को मीठे से इतना प्यार है कि नमक को भी 'मिठु' नाम दे दिया है।

कवि प्रतिभा का विवेचन करते हुए कुन्तक ने इसकी दो अवस्थाएँ बताईं। पहला काम अन्वेषण का एवं दूसरा काम सान पर चढ़ाकर तराशने का। पहली अवस्था को सूझ कह सकते हैं (अमृतलाल नागर के *नाच्यौ बहुत गोपाल* की चर्चा)। पहली अवस्था में प्रतिभा अनतराशे रत्न के समान होती है। परन्तु अभ्यास आवश्यक है। (पढ़ पुत्र व्याकरण नहीं तो सकल (समस्त) शकल हो जाएगा)।

दूसरी अवस्था में सान पर तराशी हुई मणि हो जाती है। कई बार लेखक विषय का चुनाव तो सही कर लेता है परन्तु प्रतिभा के अभाव में तराशने में सफल नहीं हो पाता। काव्य प्रतिभा की चर्चा पाश्चात्य काव्य शास्त्र में कॉलरिज एवं आधुनिक हिन्दी कवियों में मुक्तिबोध द्वारा की गई है। माना जाता है कि प्रतिभा का काम है—स्ट्राइकिंग इमेज—बिम्बों का चयन। दूसरा स्फुरण-जीवन्त बनाना।

इस प्रकार एक सिद्धान्तकार के रूप में कुन्तक को वक्रोक्ति तक सीमित रखना सही नहीं है। वक्रोक्ति मास्टर की थी परन्तु उद्देश्य साहित्य की विवेचना था। उसका मॉडल ध्वन्यालोक का था। किस प्रकार सुन्दर प्रबन्ध, नाटक, मुक्तक, खंड-काव्य रचा जा सके यह उनकी मूल चिन्ता थी। यह देखने की बात है कि अमेरिका के नई आलोचना (New Criticism) में R.P. Blackmore ने लैंग्वेज एड्जेस्चर का उल्लेख किया है जिसका संकेत कुन्तक की भंङ्गीभणिति में मिलता है।

(गुरुवर की नोटबुक्स से—क्लास नोट्स संक्षिप्त उल्लेख मात्र)

कुन्तक : आधुनिक आलोचना का आभास देती व्यावहारिक समीक्षा

दिनांक : 10.3.92

कुन्तक के दो रूप हैं। पहले सिद्धान्तकार और दूसरे व्यावहारिक समीक्षक। संस्कृत काव्य शास्त्र के आचार्यों के महत्त्व का विवेचन करते हुए प्रो. के. कृष्णा मूर्ति ने Indian Literary theory का एक पूरा अध्याय कुन्तक को समर्पित किया है। उन्होंने कुन्तक का सम्पादन एवं अनुवाद भी किया है। उनका महत्त्व विवेचन करते हुए कृष्णमूर्ति ने मत रखा कि संस्कृत काव्य-शास्त्र में अपने मौलिक चिन्तन के लिए दो ही आचार्य माने जाते हैं—कुन्तक और आनन्दवर्द्धन। दोनों में मौलिक चिन्तन के साथ ही सहृदयता भी अभूतपूर्व थी। इस सहृदयता का प्रमाण है काव्य के प्रति गहरी संवेदनशीलता, रसज्ञता, मर्मज्ञता आदि। यदि तुलना करना आवश्यक ही हो, तो चिन्तन और पांडित्य की दृष्टि से आनन्दवर्धन कुंतक से असंदिग्ध रूप से श्रेष्ठ थे, किन्तु काव्य मर्मज्ञता की दृष्टि से कुन्तक आनन्दवर्द्धन से कुछ बीस ही पड़ते हैं। उनके सिद्धान्त वक्रोक्ति को वह मान्यता नहीं मिली जो मिलनी चाहिए थी पर कुन्तक की रसज्ञता या काव्य मर्मज्ञता असंदिग्ध है।

मेघदूत की समीक्षा

विभिन्न काव्यों के मूल्यांकन से यह बात स्पष्ट की जा सकती है। पहला उदाहरण मेघदूत से है जिसे पहले उन्मेष में व्याख्यायित किया गया है। श्लोक कुछ इस प्रकार है—

भर्तुर्मित्रं प्रियमविधवे विद्धि मामम्बुवाहं
तत्संदेशाद्धृदयनिहितादागतं त्वत्समीपम्।

यो वृन्दानि त्वरयति पथि श्राम्यतां प्रोषितानां
मन्द्रास्निग्धैर्ध्वनिभिरबलावेणि मोक्षोत्सुकानी।

मेघदूतम् (16)

ऊपर से सीधी और सपाट लगने वाली इस कविता का शब्दार्थ इस प्रकार है—

यक्ष ने प्रिया को जो सम्बोधन भेजा है उसे ले जाने वाले जलद ने कहा—हे सौभाग्यशालिनी, मैं तुम्हारे पति का प्रिय मित्र हूँ एवं तुम मुझे जलद समझो। उस प्रिय के सन्देशों को हृदय में रखकर अथवा अपने हृदय में निहित सन्देशों के साथ तुम्हारे समीप आया हूँ जो विरही घर पहुँचने के लिए थके रहने के बावजूद घर जाने को उत्सुक होते हैं मैं उन्हें उत्सुक करता हूँ कि वे घर जाकर अपनी प्रियतमा अबलाओं की वेणियों को खोलें।

कुन्तक ने इस पद के एक-एक शब्द की सार्थकता बताई एवं सिद्ध किया कि पर्यायवाची अन्य शब्दों के रहते हुए भी विवक्षित अर्थ का बोधक एक शब्द ही होता है।

1. अविधवे : सम्बोधन से सबसे पहले यक्ष-पत्नी को यह आश्वासन कि तुम अविधवा हो—तुम्हारा पति जीवित है। अविधवे की सार्थकता इसमें है इससे मेघ यक्ष-पत्नी के दुख को थोड़ा कम करता है।

2. भर्तुमित्रं मा विद्धि : मुझे अपने पति का मित्र समझो। इसके द्वारा मेघ अपनी उपादेयता को सूचित करता है।

3. प्रियम : प्रियम कहकर बताता है कि मित्र भी सामान्य नहीं प्रिय मित्र। प्रिय इसलिए कि राजदां है। हृदय की बातें जानता है। इस पद से विश्रब्ध कथा (सभी प्रकार की गोप्य कथा) की पात्रता को सूचित करता है।

इस प्रकार प्रथम चरण में उस वियोगिनी यक्ष-पत्नी को आश्वासन देकर और अपनी बात सुनने के लिए उन्मुख करके, "उसके सन्देश से तुम्हारे पास आया हूँ"—इस कथन से प्रकृत विषय को प्रस्तुत करता है।

4. हृदयनिहितात : यानी पत्र रूप में नहीं—हृदय में स्थित यानी मौखिक और सावधानता द्योतित होती है। यक्ष-पत्नी के मन में शंका हो सकती है कि इस प्रकार के सन्देश ले जा सकने के व्यवहार में निपुण मति वाला कोई अन्य व्यक्ति क्यों नियुक्त नहीं किया गया या तुमको ही क्यों भेजा। इस शंका के निवारण के लिए इसमें अपना कौशल दिखाता है।

5. अम्बुवाह : इस पद से तीन बातें प्रकट होती हैं। पहले तो बादल अपना नाम बताता है। उसके साथ यह बताता है कि वहन करना मेरा कार्य है। जल ले जा सकता हूँ तो सन्देश क्यों नहीं। दूत कर्म मेरा कार्य है। ध्यातव्य है कि युग बदलने के साथ संवेदना बदल जाती है। प्राचीन काल में संचार के साधनों के अभाव में मेघदूत लिखना सम्भव हो पाया। ऐसा काव्य आज लिखना सम्भव नहीं।

6. यो प्रोषितानां वृन्दानि त्वरयति : जो हजारों प्रवासियों को जिन्हें घर जाने की जल्दी पड़ी रहती है, त्वरयति कर देता है। घर जाने के लिए उत्सुक करने वाला।

7. श्राम्यतां : कैसे प्रवासियों को उत्सुक करता हूँ। विश्राम करते हुए, थकावट के कारण जल्दी करने में असमर्थ। वृन्दानि। बाहुल्य सूचना। एक दो नहीं कई लोगों को दौड़ाने का अभ्यास है मुझे। यानी कठिन से कठिन कार्य कर सकता हूँ।

8. मन्द्रास्निग्धैर्ध्वनिमिः : किससे? गम्भीर और मधुर ध्वनियों से। रमणीय शब्दों से। चतुर दूत का गुण। स्निग्धता भी है। इस प्रकार मेघ विश्राम करते पथिकों को घर चलने के लिए उत्सुक कर देता है—यह अभिप्राय हुआ।

9. पथि : कहाँ? मार्ग में। अर्थात् उनको उत्सुक करने के लिए मुझे किसी स्थान विशेष की आवश्यकता नहीं होती। अपितु स्वेच्छा से जैसे भी हो, तैसे यह कार्य कर सकता हूँ। फिर अपने मित्र यक्ष के प्रेम की पूर्ति के लिए प्रयत्न से उत्सुक क्यों नहीं कर सकता हूँ।

10. अबलावेणिमोक्षोत्सुकानी : किस प्रकार के वृन्दों को? [वियोगिनी पत्नी रूप में] अबलाओं की वेणी खोलने के उत्सुक। तदवेणिमोक्षोत्सुकानि पद से उन प्रवासियों का अपनी वियोगिनी पत्नियों के प्रति अनुराग सूचित होता है। अबला शब्द की सार्थकता इसमें है कि वे विरह का दुख सहन करने में अक्षम है। वेणी खोलना काव्य रूढ़ि है। घर में रहने वाली स्त्री की वेणी उसका पति परदेश से लौटकर खोलता था। इसका अर्थ अनुराग प्रकट करने के लिए। लट मेरी उलझी सुलझा दे मेरे बालमा।

इस प्रकार इस पूरे पद का अभिप्राय है कि तुम दोनों के समान भाग्यवश विरह दुख भोगने वाले और परस्पर अनुरक्त चित्त सभी प्रेमी जनों के समागम दुख के सम्पादन रूपी प्रिय कार्य को करने का मैंने सदैव व्रत ले रखा है।

यहाँ कवि ने मेघ रूप पदार्थ का स्वभाव वर्णित किया है, वस्तुतः मेघदूत नामक काव्य यह संकेत करता है कि मेघदूतत्व में वही जीवन है। इसलिए यह अर्थ स्वयं ही सहृदयों के लिए आनन्ददायक है।

इस प्रकार कुन्तक की उपरोक्त व्याख्या से शब्द एवं अर्थ के प्रति उनकी आलोचना दृष्टि का संकेत मिलता है।

कुमारसम्भवम् की समीक्षा

पर्यायवाची अन्य शब्दों के रहते हुए भी 'विविक्षित' अर्थ का बोधक केवल एक शब्द ही वस्तुतः 'शब्द' कहलाता है। इसी प्रकार सहृदयों को आनन्दित करनेवाला अपने स्वभाव से सुन्दर पदार्थ ही काव्य में अर्थ है :

शब्दो विवक्षितार्थैकवाचकोऽन्येषु सत्स्वपि।
अर्थ : सहृदयाह्लादकारि स्वस्पन्द सुन्दरः ॥ 1/5 ॥

शब्द सार्थकता का महत्त्व कुमारसंभव के सन्दर्भ में भी कालिदास ने बताया है।

द्वयं गतं सम्प्रति शोचनीयतां समागम प्रार्थन या कपालिनः
कला च सा कान्तिमती कलावतस्त्वमस्य लोकस्य च नेत्रकौमुदी।

कुमार. 5/71 (कपाली)

'कपाली' यहाँ विवाक्षित शब्द है। प्रसंग वाचक शिव द्वारा स्वयं के प्रति पार्वती के मन में घृणा भाव उत्पन्न करना है। इसके लिए शिव के अनेक नामों में 'कपाली' सर्वथा उपयुक्त है। एक तो चन्द्रमा की कला शिव के दुर्व्यसन से सोचनीय हो गई और तुम उत्तम कुल की होकर उस कपाली से मिलना चाहती हो।

कुमारसम्भव अनेक कारणों से विद्वानों का ध्यान आकृष्ट करता रहा है। चौथे उनमेष में प्रकरण वक्रता के प्रसंग में कुन्तक ने कुमारसंभव पर विचार किया है। इस सम्बन्ध में कुन्तक द्वारा कुमारसम्भव के प्रकरणों के सम्बन्ध पर विचार का महत्त्व स्वीकार करते हुए के. कृष्णमूर्ति ने लिखा है कि—

"In respect of कुमारसम्भव Kuntak is the first critic to draw our attention to the hidden structural thread that bind into a unity the several cantos with apparently disconnected themes."

कुमारसम्भव के सम्बन्ध में प्रबन्ध में प्रकरण वक्रता की चर्चा करते हुए कुन्तक ने कहा कि प्रबन्धों में पूर्व प्रकरण परवर्ती प्रकरणों के साथ सरसतापूर्वक सन्धि सम्बन्धों को प्राप्त होने से (ठीक से मेल बैठ जाने से) कथा की रचना में सौन्दर्य का समावेश हो जाता है। कवि-प्रतिभा की प्रौढ़ता से उद्‌भावित यह वक्रता सहृदयों को आह्‌लादित करती है।

प्रकरणों को आप प्रसंग मानें। कुन्तक ने एक आख्यान के प्रसंगों के आपसी सम्बन्धों—विशेषत: पूर्वापर सम्बन्धों का विश्लेषण कुमारसम्भव में किया। कुमारसम्भव में प्रसंगों का पूर्वापर सम्बन्ध कुछ इस प्रकार बताया गया है—पार्वती का प्रथम तारुण्यावतार वर्णन। शंकर-शुश्रूषा। ब्रह्मा का यह उपदेश कि तारकासुर के पराभव से पार पाने के लिए शिव के पुत्र का सेनापतित्व ही उपाय है। इन्द्र के आदेश से वसन्त सखा कन्दर्प का पार्वती के सौन्दर्य बल से शिव पर प्रहार और शिव के तृतीय नेत्र से कन्दर्प का भस्म होना तथा रति विलाप। विक्षत-विकल मन पार्वती की तपश्चर्या। जटाजूटधारी ब्रह्मचारी वेश में शिव का पार्वती के पास आना और शिव की निन्दा करके उन्हें विरत करने का प्रयास। अन्त में पार्वती की दृढ़ता देखकर उनके साथ विवाह करना।

इस प्रसंग में विधान को देखें तो यह सब कालिदास की अपनी योजना है। चूँकि शिव से पार्वती का विवाह होना है जो कि साधारण नहीं है—अतएव कन्या की महिमा का बखान। इसके लिए महान विस्तार वाले हिमवान का 18-20 श्लोकों में वर्णन यह दिखाने के लिए किसी चिरकुट के घर की बेटी नहीं है। ग्रन्थ के आरम्भ में कवि की उठान देखने लायक है—

अस्त्युत्तरस्यां दिशि देवतात्मा हिमालयो नाम नगाधिराज: ...यहाँ 'आ' की आवृत्ति विस्तार की ध्वनि देखने लायक है।

तत्पश्चात् अनिंद्य सुन्दरी के रूप में पार्वती का वर्णन एवं बचपन से ही उनकी शिवभक्ति का विधान। तारकासुर प्रसंग का विधान भी इसी विवाह को प्रेरित करने के लिए है। काम जल्दी निपटाना है अतएव इन्द्र कामदेव को भेजते हैं। कामदेव का भस्म होना एवं रति का विलाप पार्वती को तपश्चर्या के लिए प्रेरित करता है। शिव ने भस्म तो कामदेव को किया परन्तु मनोरथ पार्वती का टूटा। इस प्रकार के प्रसंग विधान की व्याख्या करते हुए कुन्तक ने लिखा कि :

इति प्रकरणानि पौर्वापर्यपर्यवसित सुन्दरसंविधानबन्धुराणि रामणीयक धारामधिरोहन्ति।

इस प्रकार कुमारसम्भव प्रकरण में कुन्तक ने बताया कि किस प्रकार कथा के सब प्रकरण पौवापर्य से ग्रथित सुन्दर रचना से मनोहर होकर सौन्दर्य की पराकाष्ठा पर पहुँच जाते हैं।

अभिज्ञानशाकुन्तलम् की समीक्षा

अभिज्ञानशाकुन्तम् का विश्लेषण कुन्तक की आलोचना पद्धति का सुमेरु है। ऐसा इसलिए कि कुन्तक ने इसका विश्लेषण करते हुए महाभारत की कथा में नए प्रसंगों की उद्भावना की कालिदास की खोज को पकड़ा। उन्होंने इसकी कथा का विश्लेषण करते हुए बताया कि कालिदास के रूपक के लिए महाभारत की कहानी ग्राह्य नहीं थी। नाटक में प्रेम की जिस शालीनता एवं सूक्ष्मता का भाव वे दर्शाना चाहते थे उसमें प्राचीन कथा से काम नहीं चल सकता था। राजा बिना कारण अपनी पत्नी को भूल जाए, ऐसी कथा कहने पर नाटक में शालीनता नहीं रहती और नाटक हाहाकार कर उठता। अतएव कालिदास ने मुद्रिका प्रकरण–पहचान–अभिज्ञान मुद्रिका की नई उद्भावना की। कुन्तक ने लिखा—

> *"अविद्यमाने पुनरेतस्मिन् उत्पाद्यलवलावण्यललाभ्रि प्रकरणे निस्कारण विस्मरण वैरस्यमितहासांशस्येव रुपकस्यादि विरूपकतापत्ति निमित्ततामवगाहते।"*

यह अवगाहन नवीन प्रसंगों की उद्भावना कवि प्रतिभा का महत्त्वपूर्ण अंग है। उल्लेखनीय है कि आचार्य शुक्ल तुलसी को सबसे बड़ा कवि मानते हुए सूर को इस मामले में बीस मानते हैं कि उन्होंने नवीन प्रसंगों की उद्भावना की। तुलसीदास की कथा में नवीन प्रसंगों की उद्भावना नहीं है। परन्तु सूर ने कृष्ण का चरित उजागर करने के लिए उनकी लीलाओं के रूप में नए प्रसंगों की उद्भावना की है। इस Creative imagination के लिए आचार्य शुक्ल ने सूर जैसी प्रशंसा किसी की नहीं की है।

कुन्तक ने इस उद्भावना को 'नव संस्कार' को व्याख्यायित करते हुए लिखा है कि—

> *प्रवर नव संस्कार कारण रमणीय कान्ति परितोष:*
> *रेखा-राजमान-पुरातन त्रुटित चित्र दशास्पद सौभाग्यमनुभवन्ति।*

इसका विश्लेषण पंचम अंक के अवगुंठन (पर्दा) हटाने के सन्दर्भ में किया गया है। शकुन्तला जैसे ही अवगुंठन हटाती है दुष्यन्त उस ललितलावण्य-लक्ष्मीललाम निरूपम रूप रेखा को देखकर सुखद प्रत्यभिज्ञा (recollection) का अनुभव करता है जो किसी अन्य की पत्नी होने के कारण तिरस्कार की सम्भावना पैदा करता है। शकुन्तला अतीत की परस्पर प्रेम की विस्रब्ध रहस्य कथाएँ सुनाकर उसकी स्मृति को जाग्रत करने का प्रयास करती है। इतना सब सुनने के बाद भी दुष्यन्त उसे पहचानने में समर्थ नहीं होता। किन्तु इसका रहस्य क्या है? यह रहस्य महाभारत की मूल कथा में अकथित है। कालिदास ने दुर्वासा के शाप की सृष्टि करके इसका समाधान प्रस्तुत किया है। दुर्वासा ऐसे मुनि हैं जो करुणा पराङ्मुख तथा क्रूर क्रोधी हैं जो अल्पमात्र अपराध पर भी भड़क उठते हैं। इस प्रसंग में शकुन्तला अपने प्रिय के प्रथम वियोग की दुःसह वेदना में डूबी हुई थी लिहाजा उसे मुनि के आगमन का ध्यान न रहा। मुनि ने इस उपेक्षा पर शाप दे डाला—

विचिन्तयन्ती यमनन्यमानसा
तपोनिधिं वेत्सी न मामुपस्थितम्।
स्मरिष्यति त्वां स न बोधितोऽपि सन्
कथां प्रमत्तः प्रमथं कृतामिव॥

इस प्रकार कुन्तक ने बताया कि कालिदास ने दुर्वासा के शाप की कथा क्यों रची। इससे आगे जाकर कालिदास ने शाप में संशोधन का विधान रचा। पति गृह प्रयाण के समय मार्ग में मुद्रिका का स्खलन। मछली द्वारा भक्षण। इसी बीच मत्स्य वध एवं मुद्रिका की पुनः प्राप्ति। कुन्तक ने नाटक के इस plot construction की भूरि-भूरि प्रशंसा की है। रिंग एपीसोड द्वारा कालिदास ने नवीनता ला दी है।

एवंविधस्य संविधानकस्य रसनिधानकलशायमानस्य
महात्म्यादखिलस्यापि नाटकस्य कापि (विच्छितिः)।

कुन्तक ने बताया है कि शाप-प्रभाव के बावजूद राजा के अवचेतन में पूर्व प्रेम की अस्पष्ट स्मृति है और इस कारण बेचैनी है। मुद्रिका मिलने मात्र से अचानक भाव नहीं आ गया। दुर्वासा के शाप के कारण विस्मृति है अन्यथा पहचान जाता।

रम्याणि वीक्ष्य मधुरांश्च निशम्य शब्दान्
पर्युत्सुकीभवति यत्सुखितोऽपि जन्तुः।

तच्चेतसा स्मरति नूनमबोधपूर्वं
भावस्थिराणि जननान्तरसौहृदानि

अद्यसंमुग्ध सुभगमेनकानन्दिनी स्मरण-लेखा लावण्यन्यदेव चमत्कार कारणं सहृदयानां समुद्योतते।

कुन्तक ने इस प्रसंग को आगे बढ़ाते हुए बताया है कि इस प्रकरण में दुष्यन्त का अनुताप-विरह वर्णन मात्र नहीं है। यह शकुन्तला के प्रति उसके प्रगाढ़ अनुराग का सूचक है—

पस्परं प्रकाशीभवदनर्गलानुराग-प्राग्भार संगादतीव सहृदयाह्लादकारि। शापावसानसमुत्पन्नये प्रसिद्ध स्मरण समुल्लासुदिःसहविरहज्वरणता वेगविकलत्वं च समनन्तमेवांगुलीय संगमादतीव सहृदयान् आह्लादयति।

इस प्रसंग में कंचुकी के मुख से राजा की स्थिति का वर्णन है—

प्रत्यादिष्टविशेषमण्डनविधिर्वामप्रकोष्ठार्पितं
बिभ्रत्काञ्चनमेकमेववलयं श्वासोपरक्ताधरः
चिन्ताजागरण प्रतान्त नयनस्ते जो गुणादात्मनः
संस्कारोल्लिखितो महामणिरिव क्षीणोऽपि नालक्ष्यते॥

केवल बाईं भुजा में पहनने वाले एक मात्र सवर्ण के भुजबंध को छोड़कर उन्होंने शोभावृद्धि वाले समस्त आभूषणों को उतार दिया है। उनकी लम्बी उसाँसों से नीचे का ओठ लाल हो गया है और चिन्ता के मारे रात भर जागते रहने से उसकी आँखें मलिन हो गई हैं। किन्तु इस प्रकार दुर्बल होने पर भी वे उसी प्रकार क्षीण नहीं दिखाई पड़ते जैसे सान पर खरादा हुआ महामणि छोटा हो जाने पर भी अपनी चमक के कारण छोटा नहीं मालूम पड़ता।

इस प्रकार कुन्तक ने कालिदास द्वारा दुष्यन्त के विरह वर्णन की विशद व्याख्या की है। कुन्तक का यह विश्लेषण उनकी सहृदयता का परिचायक है जो ऐसे प्रसंगों को खोज-खोजकर व्याख्यायित करता है। यथा राजा के स्वभाव परिवर्तन का चित्र—

रम्यंद्वेष्टि यथापुरा प्रकृतिभर्न प्रत्यं सेव्यते
शय्या प्रान्तविवर्त्तनैर्विगमयत्युन्निद्र एवं क्षपाः

दाक्षिण्येन ददाति वाचमुचितामन्तः पुरेभ्यो यदा
गोत्रेषु स्खलितस्तदा भवति च व्रीड़ा विलक्षश्चिरम्। (6 / 7)

जो सुन्दर वस्तुएँ हैं उनसे वे घृणा करते हैं। पहले की तरह वे अपने मंत्रियों के साथ प्रतिदिन नहीं बैठते। निद्रारहित होकर पलंग की पाटी पर करवटें बदलते हुए सारी रात बिता देते हैं। जब अन्तःपुर की रानियों द्वारा अत्यन्त अनुरोध करने पर उचित उत्तर देते हैं तो नाम लेने में भूल हो जाने पर बहुत देर तक लज्जा से चकित रहते हैं। कुन्तक लिखते हैं—

अत्र राज्ञो विशेषणवक्रता गोत्रेण्विति वचन-वक्रत्वं च किमपि चित्तचमत्कारकारि।

इसी प्रकार स्वनिर्मित चित्र को दिखाकर राजा अपनी प्रियतमा के प्रति प्रेम दिखाते हैं—

अक्लिष्टबालतरु पल्लवलोभनीयं
पीतं मया सदयमेव रतोत्सवेषु
विम्बाधरं स्पृशसि चेतभ्रमर प्रियाया
स्त्वा कारयामि कमलोदर बन्धन स्थम।

हे भ्रमर! बिना मसले हुए नवीन वृक्ष के पल्लव के समान मनोहर, रति विलास के समय मेरे द्वारा धीरे-धीरे पिए गए प्रिया शकुन्तला के बिम्बाफल के समान लाल अधरों का यदि स्पर्श करोगे तो तुम्हें कमल के उदररूपी कारागार में बन्दी बना दूँगा।

यह भ्रमर प्रसंग भी नई उद्भावना है। पहली बार शकुन्तला से मिलन के लिए कारण भ्रमर है एवं दूसरी बार भी वही आता है। रवीन्द्रनाथ ने भी कुन्तक की यह उद्भावना दोहराई है।

इस प्रकार हम देखते हैं कि अभिज्ञानशाकुन्तल के एक से एक बारीक चीजों के विश्लेषण में कुन्तक ने नए प्रसंगों की उद्भावना की महत्ता एवं कवि प्रतिभा के विश्लेषण में उसके प्रयोग की व्याख्या की है।

कालिदास जैसे समर्थ कवि के दोषों की ओर संकेत

कवियों के गुण-दोष दर्शन दोनों की परिपाटी काव्यशास्त्र में रही है। लेकिन प्रायः गुण के लिए बड़े कवियों को लिया जाता है एवं दोष छुटभैये कवियों में दर्शाया जाता है। कुन्तक इस मायने में बड़े आलोचक हैं जो मानते हैं कि

छुटभैये कवियों के दोषों को क्या दिखाना, परन्तु कालिदास जैसे सामर्थ्यवान कवि में दोष हैं तो अवश्य दिखाना चाहिए।

एतच्चैतस्यैव कवेः सहजसौकुमार्यमुद्रित भूक्ति परिस्पन्दसौन्दर्यस्य पर्यालोच्यते न पुनरन्ययेषां आहार्यमात्र काव्यकरण-कौशल श्लाधिनाम्।

और यह भी इसी (महान) कवि (कालिदास) के विषय में (इतनी सूक्ष्म) आलोचना की जा सकती है जिसकी सूक्तियों का स्वाभाविक सौन्दर्य सहज सौकुमार्य की मुद्रा से अंकित हो रहा है। केवल आहार्य (व्युत्पत्ति के बल से बनावटी) काव्य रचना के लिए प्रसिद्ध अन्य कवियों के विषय में नहीं।

इसकी व्याख्या करते हुए उन्होंने कहा कि प्रबन्ध के किसी प्रकरण के एक देश में भी औचित्य का अभाव होने पर *एक देश दाह दूषित दग्ध पट* जैसा होता है। बहुत सुन्दर कपड़ा जिसका एक कोना जलने के कारण दूषित हो गया हो।

'रघुवंश' के दूसरे अध्याय के चौवनवें श्लोक में उन्होंने एक संगत दोष बताया। प्रसंग राजा दिलीप एवं सिंह के संवाद का था—

कथञ्च शक्योऽनुनयो महर्षिर्विश्राणनादन्य पयस्विनीनाम्
इमांतनूजां सुरभेरवेहि रूद्रौजसा तु प्रहृतं त्वयाऽस्याम (2/54)

यदि अन्य गौओं को उसके बदले में दिए जाने योग्य समझ लिया जाए तो कदाचित उन मुनि और मेरे दोनों को ही इसके प्राणों की रक्षा की उपेक्षा करना उचित हो सकता है, यह जो इस कथन का फलितार्थ निकलता है उसके कारण यह कथन अत्यन्त अनुचित प्रतीत होता है।

अर्थात् यदि इसके बदले अन्य गाय देकर क्षति-पूर्ति की जा सकती थी, तो मैं इस गाय के प्राणों की रक्षा के लिए प्रयत्न न करता। राजा दिलीप के मन में इस प्रकार के भाव आना ही बड़ा भद्दा और उनके गौरव के प्रतिकूल है। जो राजा एक ओर यश शरीर की कामना करता है वह गऊओं को देकर अपनी प्राण रक्षा करना चाहे तो यह उसकी गरिमा के प्रतिकूल है। जो राजा एक ओर यह कहता है कि "पिण्डेव्यनास्था खलु भौतिकेषु" वहीं यह कहना है कि "अन्य गौओं के देने से महर्षि के क्रोध को दूर करना कैसे सम्भव है क्योंकि इसे कामधेनु की पुत्री समझो... ।" उपयुक्त नहीं है। अतएव कुन्तक ने इसमें असंगति दोष बताया।

दूसरा दोष भी रघुवंश प्रकरण में दिखाया। लंका-विजय के बाद पुष्पक विमान से अयोध्या लौटते हुए रास्ते में निषादराज का स्थान दिखाकर कहते हैं—

पुरं निषादाधिपतेस्तदेतद्यस्मिन मया मौलिमणिविहाय।
जटासु बद्धास्वरुदत्सुमन्त्रः कैकेयि कामाः फलितास्तवेति॥ **(2/54)**

रघु. 13-59

यह निषादराज की वह नगरी है जहाँ सिर पर मणियों को उतारकर मेरी जटाएँ बाँधने पर सुमंत्र ने कहा था, "हे कैकेयी! तुम्हारा मनोरथ सफल हो गया।"

कुन्तक इसमें दोष देखते हैं—

इत्येवंविधतुच्छतरपदार्थसंस्मरणम् तदभिधानं चात्यन्तमनौचित्यमाहवती।

महापुरुषों की सम्पत्ति से युक्त रघुपति के मुख से इस बात का—तुच्छ बात का स्मरण अत्यन्त अनुचित है। राम के मुँह से ऐसी ओछी बात शोभा नहीं देती। यह भी कि कैकेयी की बुराई सुमन्त से करवाना तुच्छता है।

कुन्तक ने तीसरा दोष कुमारसम्भव में खोजा। तारकासुर वध का उपाय खोजते हुए कामदेव इन्द्र से कहता है—

कामेकपत्नींव्रतदुखशीलां लोलं मनश्चारुतया प्रविष्टाम्।
नितम्बिनीमिच्छसी मुक्तलज्जां कण्ठे स्वयंग्राहनिषक्त बाहुं॥

सुन्दरता के कारण तुम्हारे चंचल मन में प्रविष्ट हुई परन्तु पतिव्रत धर्म के कारण तुम्हारे वश में न आ सकने वाली कौन सी पतिव्रता स्त्री को चाहते हो कि वह लज्जा का परित्याग करते हुए तुम्हारे कंठ में बाहु डाल दे।

कुन्तक ने इस पर टिप्पणी करते हुए कहा कि (अविनयानुष्ठान...) इस प्रकार किसी पतिव्रता के पात्यव्रत को नष्ट करने का अविनय आचरणपरक कथन स्वर्ग के अधिपति पद पर प्रतिष्ठित इन्द्र के लिए अनुचित है। यानी कालिदास को इन्द्र द्वारा ऐसी बात नहीं कहलवानी चाहिए थी।

इस प्रकार हम देखते हैं कि कुन्तक पहले आलोचक हैं जिन्होंने सामान्य दोषों को गिनाने की जगह ऐसे दोष बताए जो उनकी दृष्टि की सूक्ष्मता एवं आलोचना के सामर्थ्य को प्रकट करते हैं।

(टर्म पेपर का विषय—कुन्तक एक आलोचक के रूप में)
(इस टर्म पेपर की गुरुवर द्वारा जाँची गई प्रति परिशिष्ट के रूप में संलग्न है।)

आनन्दवर्द्धन : मौलिकता एवं सहृदयता का मणिकांचन योग

दिनांक : 12.3.92

आनन्दवर्द्धन का काल 800 ई. एवं 900 ई. के बीच का है। उनके साथ संस्कृत काव्यशास्त्र के एक नए युग का आरम्भ होता है। काव्यशास्त्र के विकास में उनकी युगान्तकारी भूमिका थी। वे कवि भी थे तथा संस्कृत और लोकभाषा प्राकृत दोनों में काव्य रचना करते थे। इसके अतिरिक्त वे दार्शनिक भी थे। बौद्ध दर्शन का खंडन उन्होंने किया है। लेकिन वे सूखे दार्शनिक एवं तार्किक नहीं थे—भक्त थे—वैष्णव भक्त । महाभारत की व्याख्या में उन्होंने भक्ति की स्थापना की है।

काव्यशास्त्र में उनकी अक्षयकीर्ति का आधार ध्वन्यालोक है जिसको उन्होंने स्वयं काव्यालोक एवं सहृदयालोक कहा है। चूँकि इसमें मुख्य स्थापना ध्वनि की थी अतएव इसे ध्वन्यालोक कहा जाने लगा।

आनन्दवर्द्धन के लिए सहृदय चक्रवर्ती शब्द का प्रयोग किया जाता है। संस्कृत विद्वानों में इस बात को लेकर विवाद चला कि आनन्दवर्द्धन कारिकाकार हैं अथवा वृत्तिकार। वृत्ति पद्य है और कारिका गद्य। जब ध्वनिकार कहा जाता है तो वह कारिकाकार होते हैं। आनन्दवर्द्धन के सन्दर्भ में विचार करने पर हम पाते हैं कि यह अन्तर केवल गद्य और पद्य के स्वरूप के कारण किया जाता रहा। अन्यथा उन्होंने जो बात कारिकाओं के माध्यम से कही वही वृत्ति के रूप में भी। अतएव वे दोनों में सिद्धहस्त थे।

आनन्दवर्द्धन को समझने के लिए थोड़ा उनके समय या उनके पहले के समय को समझना आवश्यक है। प्राचीन भारतीय संस्कृति में स्थापत्य, मूर्तिकला, चित्रकला और साहित्य की प्रतिष्ठा गुप्त काल तक आते-आते चरमोत्कर्ष तक पहुँच चुकी थी। राजनीतिक स्थिरता के विविध खंडों में संस्कृत काव्य

ने भी अपनी श्रीवृद्धि की थी। माघ, व्यास, वाल्मीकि, भास, भारवि, बाणभट्ट एवं भवभूति की रचनाएँ हो चुकी थीं। राजनीतिक स्थिरता गुप्त युग से ही समाप्त होने लगी। हर्षवर्द्धन के काल में भी गिरावट आती रही। नवीं सदी आते-आते पूरे उत्तर भारत में केवल कश्मीर में ही स्थिर राज्य दिखाई देता था। पर कुल मिलाकर यह अस्थिरता का ही काल था। उस समय कश्मीर में संस्कृत काव्यशास्त्र के विकास के पीछे इस स्थिरता का कितना योगदान था यह शोध का विषय हो सकता है किन्तु इस बात में कोई सन्देह नहीं कि आनन्दवर्द्धन तक आते-आते संस्कृत काव्य रचना का श्रेष्ठ युग समाप्त हो चुका था। उन्होंने स्वयं भी इसका संकेत देते हुए लिखा है कि अब महाकवि तो रहे नहीं उन्हें समझनेवाले भी नहीं रहे। अतएव सहृदयों के मन की प्रीति के लिए उन्होंने सहृदयालोक (ध्वन्यालोक का पूर्व नाम) की रचना की। अतीत की धरोहर के श्रेष्ठ अंश की रक्षा एवं उसकी श्रेष्ठता की महिमा से सहृदयों को अवगत कराना और प्रेरणा देना उनका उद्‌देश्य था।

आनन्दवर्द्धन के यहाँ एक ओर पांडित्य और सहृदयता का मणिकांचन योग मिलता है तो दूसरी ओर सहृदयता में भी अत्यन्त शिष्ट, सुशील और शालीन रूप मिलता है। पहले के आचार्य बात-बात पर एक-दूसरे के खंडन-मंडन एवं मुँह नोचने के लिए तैयार रहते थे। बाद के आचार्यों में भी महिम भट्ट तथा पंडितराज जगन्नाथ ने खंडन-मंडन का कार्य किया। ऐसा नहीं था कि आनन्दवर्द्धन का किसी पूर्व आचार्य के मत से मतभेद नहीं था, परन्तु उन्होंने अत्यन्त शिष्ट ढंग से आलोचना की। अपनी मूल स्थापना—ध्वनि के सिद्धान्त रचने का भी दम्भ उन्हें नहीं था और उसका व्याख्यान वे पहले हो चुका मानते हैं। यह विनम्रता ही थी क्योंकि आज तक इस नई बात का मूल स्रोत नहीं मिला है। इसलिए सहृदयों में उनकी शिष्टता और शालीनता अत्यन्त Stricking है।

आनन्दवर्द्धन की टीका अभिनव गुप्त ने लिखी—'ध्वन्यालोकलोचन' नाम से। इससे पहले सम्भवत: चन्द्रिका नाम से एक टीका भी थी जो अब नहीं मिलती है। अतएव सबसे महत्त्वपूर्ण प्राचीन टीका अभिनव गुप्त की है जो ध्वन्यालोक को देखने का लोचन है। अभिनव गुप्त स्वयं समर्थ विद्वान-सहृदय कवि, दार्शनिक एवं शास्त्र के ज्ञाता थे। कभी-कभी समर्थ टीकाकार अर्थ के मूल को स्पष्ट करते हुए अर्थ को ही बदल देता है। कुछ विद्वान मानते हैं कि यही कार्य अभिनव गुप्त ने किया, अतएव उनका मानना है कि

ध्वन्यालोक को हमेशा अभिनव गुप्त के चश्मे से नहीं देखना चाहिए। इस प्रकार विद्वानों के दो वर्ग हैं—एक जो अभिनव गुप्त का समर्थन करते हैं, दूसरे जो उनसे मुक्त दृष्टि का समर्थन करते हैं।

आनन्दवर्द्धन को पढ़ते समय उनके समय प्रचलित सिद्धान्तों एवं उस समय की समस्या को जानना आवश्यक है। वे कौन से सिद्धान्त थे या वे कौन सी समस्याएँ थीं जिससे टकराते हुए आनन्दवर्द्धन ने अपना सिद्धान्त विकसित किया। अलंकार शास्त्र के आलोक में ही आनन्दवर्द्धन को समझा जा सकता है। आनन्दवर्द्धन के समय तक भारतीय काव्य शास्त्र का स्वरूप स्थिर हो चुका था। भरत मुनि का नाट्यशास्त्र एवं चार बड़े अलंकारिकों के ग्रन्थ लिखे जा चुके थे। मोटे तौर पर रस की स्थापना नाटक के सन्दर्भ में हो चुकी थी। काव्य सौन्दर्य के क्रम में अलंकार, गुण और वृत्ति की भी चर्चा हो चुकी थी। विद्वानों के बीच काव्यार्थ के सम्बन्ध में दो प्रकार की शक्तियों का विवेचन हो चुका था—मुख्या तथा अमुख्या या गौणी अभिधा और लक्षणा। (कुछ शब्दों का वाच्यार्थ मुख्य होता है और कुछ का लक्ष्यार्थ।)

इस सन्दर्भ में हमें पुरानी, वैदिक परम्परा से परिचित होना चाहिए। क्योंकि इसका सम्बन्ध मीमांसकों से जुड़ता है। मीमांसक कौन थे ? मीमांसक वेदों की मीमांसा करनेवाले थे एवं वैदिक भी कहे जाते थे। यज्ञ वेदों का मुख्य विषय है। यज्ञ का विधान एक ओर तो कर्मकांड से जुड़ा है, दूसरी ओर गणित से और तीसरे अर्थ-विचार से। यज्ञ के साथ वेद मंत्रों का पाठ किया जाता था। वेद मंत्रों का अर्थ विचार एक कठिन कार्य था अतएव इसकी एक प्रणाली बनी जिसे मीमांसा कहा गया। पाठ निर्धारण का कार्य धर्मग्रन्थों के सम्बन्ध में सभी धर्मों में दिखाई देता है। यूरोप में बाइबिल का पाठ निर्धारण किया गया। मूल पाठ का निर्धारण मूल व्याख्या का निर्धारण इस्लाम में भी किया गया। जैसे—रीडर, प्रोफेसर और लेक्चरर को देखें, तो रीडर—टेक्स्ट रीड करनेवाला। पाठ निर्धारण करनेवाला था। लेक्चरर—व्याख्याता मात्र भाषण देता था। व्याख्या का काम नई व्याख्या का काम प्रोफेसर करता था। पुराने जमाने के प्रोफेसर यास्क और सायण थे जिन्होंने वेद मंत्रों की व्याख्या के क्रम में भाष्य लिखे। यास्क का निरुक्त इसी व्याख्या की उपज है। पश्चिम में Hermeneutics का विकास हुआ। काव्यशास्त्र में भी भाष्य की परम्परा चली। भामह के काव्यालंकार पर भाष्य लिखा गया।

वैदिक परम्परा में इस क्रम में जिस दर्शन का विकास हुआ वह पूर्व-मीमांसा कहलाया। मीमांसकों ने शब्द और अर्थ पर विचार करते हुए तात्पर्य नामक नई शक्ति ढूँढ़ निकाली। मीमांसकों ने पूरी व्याख्या में शब्द या वाक्य पर बल नहीं देकर तात्पर्य पर बल दिया।

इसी क्रम में लक्षणा पर भी ध्यान दें। लक्षणा literal meaning denotation से हटकर निकला अर्थ था। संस्कृत में 'गौर्वाहिक' शब्द—एक जाति 'वाहि्लक' का सूचक है जिसका अर्थ बैल है। परन्तु यदि किसी आदमी को बैल कहा जाए तो यह अर्थ बाधित होता है। यहाँ लक्ष्यार्थ में अर्थ है मूर्ख। लक्षणा का प्रयोग आम बोलचाल में खूब होता है। Second meaning connotation या मेटाफर-रूपक के रूप में भी होता है। बोलचाल की सारी गालियाँ लक्षणा में होती हैं।

इस प्रकार हम देखते हैं कि आनन्दवर्द्धन तक आते-आते रस अलंकार गुण वृत्ति अभिधा, लक्षणा और तात्पर्य वृत्ति का पता चल चुका था। पर इसके बावजूद मुख्य प्रश्न था कि काव्य का सौन्दर्य क्या है यह सवाल प्रत्येक आलंकारिक के सामने था—भामह ने भी इसी प्रश्न से प्रारम्भ किया था और अपना उत्तर अलंकार और रीति में खोजा था। आनन्दवर्द्धन ने भी यहीं से प्रारम्भ किया कि सौन्दर्य क्या है ?

काव्य का सौन्दर्य : प्रतीयमान

आनन्दवर्द्धन ने सौन्दर्य क्या है इसकी व्याख्या के लिए 'प्रतीयमान' शब्द का चुनाव किया। प्रथम उद्योत की चौथी कारिका में प्रतीयमान की चर्चा करते हुए उन्होंने कहा—

प्रतीयमानं पुनरन्यदेव वस्त्वस्ति वाणीषु महाकवीनाम।
यत्प्रसिद्धावयवातिरिक्तं विभाति लावण्यमिवाङ्गनासु॥ 1/4

स्त्री का सौन्दर्य विश्लेषित करते हुए इसे काव्य से जोड़ते हुए आनन्दवर्द्धन ने कहा कि स्त्री सौन्दर्य में प्रसिद्ध अवयवों के अतिरिक्त एक और चीज होती है। ऐसी वस्तु की प्रतीति होती है जिसे लावण्य कहते हैं। उसी प्रकार महाकवियों की वाणी में एक 'प्रतीयमान' वस्तु होती है। इस पद के माध्यम से आनन्दवर्द्धन ने कहा कि अब तक काव्य सौन्दर्य विवेचन में सारा ध्यान अवयवों-आभूषणों (अलंकार, गुण आदि) पर ही था। पर इसके अतिरिक्त

एक अन्य चीज जो प्रतीत होती है। प्रतीयमान इस अर्थ में कि उसे किसी एक जगह नहीं खोजा जा सकता। उसकी प्रतीति होती है। और वह सब जगह नहीं मिलती। महाकवियों की वाणी में ही मिलती है। आनन्दवर्द्धन ने कहा कि प्रतीयमान ही वह वस्तु है जिसकी मैं व्याख्या करना चाहता हूँ। कालिदास का पद—

सरसिजमनुविद्धं शैवलेनापि रम्यं मलिनमपि हिमांशोर्लक्ष्म लक्ष्मीं तनोति।
इयमधिकमनोज्ञा वल्कलेनापि तन्वी किमिव हि मधुराणां मण्डनं नाकृतीनाम्॥

सुन्दर, सुडौल शरीर पर कुछ भी अच्छा लगता है—यह मधुर आकृति-लावण्य वाला व्यक्ति जो भी धारण करेगा सुन्दर लगेगा। यह मधुर आकृति ही प्रतीति है। आनन्दवर्द्धन ने जोर देकर कहा कि गुण, रीति, अलंकार आदि से चीजें सुन्दर होती हैं। पर इनके कारण शरीर सुन्दर नहीं होता। काव्य के सन्दर्भ में आनन्दवर्द्धन का ध्यान उस प्रतीयमान की ओर था जो एक ऐसी वस्तु है—काव्य में एक विशेष प्रकार का अर्थ है। आनन्दवर्द्धन ने कहा कि काव्य में प्रतीयमान अर्थ ही काव्यात्मा है।

योऽर्थः सहृदयश्लाघ्य काव्यात्मेति व्यवस्थितः।
काव्यप्रतीयमानाख्यौ तस्य भेदावुभौ स्मृतौ॥ 1/2

संस्कृत काव्यशास्त्र का विश्लेषण करते समय ध्यान देने योग्य है कि सौन्दर्य के लिए प्रत्येक आचार्य ने अपने शब्द गढ़े। वामन ने जिसे सौन्दर्य कहा था, आनन्दवर्द्धन ने उसके लिए चारु शब्द गढ़ा। यद्यपि यह शब्द पहले भी था; परन्तु आनन्दवर्द्धन को यह शब्द विशेष प्रिय था एवं उन्होंने इसे विशेष अर्थ दिया। चारु और आह्लाद ये दोनों आनन्दवर्द्धन के अपने शब्द हैं। आनन्दवर्द्धन ने इस बात पर बल दिया कि चारुता का सम्बन्ध आह्लाद से है—आनन्द से है। चारुता वस्तुगत होने के साथ-साथ कुछ विषयनिष्ठ भी है। सौन्दर्य इस मामले में Objective एवं Subjective दोनों है। आनन्दवर्द्धन ने कहा कि चारुता वही है जो आनन्दवर्द्धन करे। इसे आगे बढ़ाते हुए उन्होंने कहा कि प्रतीयमान में आह्लादक चारुता होती है। जिस सौन्दर्य में आह्लादक चारुता हो वह प्रतीयमान है।

इस प्रकार हम देखते हैं कि काव्येत्तर शब्दार्थ युग्म से काव्य को भिन्न करनेवाला तत्त्व प्राचीनों की दृष्टि में अलंकार था। इससे गुण, रीति और वृत्ति का भी बोध होता था जिसे वामन ने सौन्दर्य कहा था। आनन्दवर्द्धन ने

चारुत्व के माध्यम से विषयीनिष्ठता और आह्लाद के माध्यम से आनन्दगत पर्याप्त + अतिशयता (हेतु + फल) को आगे लाकर वाच्य से अतिरिक्त एक प्रतीयमान अर्थ की खोज की।

काव्यस्य हि ललितोचित सन्निवेश चारुणः शरीरस्येवात्मा सारऱूपतया स्थितः सहृदयश्लाघ्यो योऽर्थस्तस्य वाच्य : प्रतीयमानश्चेति द्वौ। भेदौ।

आनन्दवर्द्धन का एक अन्य प्रिय शब्द है 'सन्निवेश'। उपरोक्त पद में सन्निवेश का विश्लेषण ललितोचित है। एक अन्य शब्द है 'रचना प्रपंच।'

''*विविधवाच्यवाचक रचना प्रपंच चारुणः काव्यस्य स स्वार्थः सारभूतः।*

रचना किसे कहते हैं, उसमें प्रपंच क्या है; सन्निवेश क्या है, इसकी व्याख्या कैसे की जाए। एक उदाहण। केश पाश या वेणीबन्धन। यह एक विशेष प्रकार की रचना है। इसकी रचना का प्रपंच क्या है—इसमें गुँथे फूल, इसमें गुँथे मोती। इतना करने के बाद सन्निवेश करना। रंजन। Matching। विविध वर्णों की मैत्री। यह सन्निवेश है। एक रंग की चीजें एक साथ। संक्षेप में कहें तो—

रचना = वेणीबन्ध, केशपाश, चूर्ण कुंतल

प्रपंच = वेणीबन्ध को जातिपुष्प से मंडित करना, मोतियों को गूँथना

सन्निवेश = रंजनद्रव्य, परिधान और आभूषणों की वर्ण मैत्री (किमिव हि मधुराणां मंडनंनाकृतीनाम्।)

जिसका शरीर मधुर (सुन्दर, सुडौल) हो उसके लिए कौन-सा विधान है जो शोभादायक न बन जाता हो। इस प्रकार आनन्दवर्द्धन ने काव्य में आह्लाद चारुता उत्पन्न करनेवाले 'प्रतीयमान' को स्थापित करते हुए कहा कि—

काव्यस्य हि ललितोचित सन्निवेश चारुणः स एवार्थः सारऱूपतया स्थितः।

अर्थात् गुण, रीति, अलंकार आदि काव्य को ललित और उचित सन्निवेश से चारु बनाते हैं। किन्तु, वह तभी चारु है जब उसके पीछे प्रतीयमान रूपी सार की पृष्ठभूमि निहित है।

इस प्रकार आनन्दवर्द्धन ने सभी पूर्वों का समावेश करते हुए भी काव्य की आत्मा के रूप में प्रतीयमान अर्थ की स्थापना की और कहा कि आह्लादकारी प्रतीयमान अर्थ ही काव्य की आत्मा, काव्य का सार है।

ध्वनि का अन्तर्भाव संभव नहीं

प्रतीयमान का दूसरा अर्थ है—व्यंग्यार्थ। व्यंजक अर्थ—इसे व्यंजना द्वारा जाना जाता है। वाच्य से वह भिन्न और अतिरिक्त है—यही साबित करने के लिए उन्होंने ध्वन्यालोक लिखा। उन्होंने कहा कि यह उनकी नई स्थापना नहीं है। इसके लिए वैयाकरणों के स्फोटवाद का शिष्टापूर्वक ऋण स्वीकार किया है—प्रथमे हि विद्वांसो वैयाकरणाः, व्याकरणमूलत्वात्सर्वविद्यानाम्। ते च श्रूयमाणेषु वर्णेषु ध्वनिरिति व्यवहरन्ति। भर्तृहरि ने वाक्यपदीय में इसे स्फोट कहा है। स्फोट एक धमाका है जो शब्द सुनने में होता है। जैसे बिजली की कौंध होती है तब कड़क सुनाई पड़ती है। घंटानुरणन से सादृश्य देते हुए अभिनव गुप्त ने कहा—घंटा आदि की आवाज के समान अनुरणन रूप उपलक्षित व्यंग्य अर्थ ध्वनि के नाम से व्यवहृत है। घंटे की आवाज पहले होती है फिर ध्वनियाँ उसके पीछे गूँजती हुई चलती हैं। वैसे ही श्रूयमाण शब्द और स्फोट की स्थिति है—

यः संयोगवियोगाभ्यां करणैरुपजन्यते।
स स्फोट : शब्दजाश्शब्दा ध्वनयोऽन्यैरुदाहृताः ॥

शब्दजाश्शब्दा—श्रूयमाण शब्दों से उत्पन्न शब्दों को ध्वनि कहा गया। स्फोट और अनुरणन...वाच्य स्फोट है और अनुरणन व्यंग्यार्थ। शब्द सुनने पर आलोकित होता है, पर उसका अर्थ ध्वनित होता है। स्फोट को व्यंजित करनेवाली ध्वनि के समान व्यंग्यार्थ है। यह अमिधा, लक्षणा से भिन्न एवं वाच्य से अतिरिक्त है। वह समस्त प्रसिद्ध शब्द व्यापारों से अलग है। अभिनव गुप्त ने स्पष्ट किया—अस्माभिरपि प्रसिद्धेभ्यः शब्दव्यापारेभ्योऽभिधातात्पर्यलक्षणा रूपेभ्योतिरिक्तो व्यापारो ध्वनिरित्युक्तः। इस प्रकार व्याकरण के क्षेत्र की संकलना को आनन्दवर्द्धन काव्य के क्षेत्र में ले आए। यह निश्चित रूप से उनकी मौलिक उद्भावना ही कही जाएगी, किन्तु शिष्टता, विनम्रावश उन्होंने श्रेय नहीं लिया।

ध्वन्यालोक की आरम्भिक कारिकाओं से पता चलता है कि ध्वनि सिद्धान्त एवं आनन्दवर्द्धन का कितना विरोध हुआ था। जयरथ ने बाहर प्रकार के ध्वनि-विरोधियों की चर्चा की है। प्रबल विरोधी महिमभट ने अपने ग्रन्थ व्यक्तिविवेक में ध्वनि का अन्तर्भाव अनुमान में किया। मीमांसकों ने इसे तात्पर्य वृत्ति माना, नैयायिक अनुमान सिद्ध करने लगे। पहली कारिका के

बाद ही अभाववादियों का वृत्ति में उल्लेख है। इनके अनुसार रीति, गुण, अलंकार आदि से पृथक् काव्य सौन्दर्य के हेतु रूप में ध्वनि की सत्ता नहीं है। यदि यह गुण और अलंकार से व्यतिरिक्त है तो केवल नाम दे देने से न तो पांडित्य सिद्ध होता है, न ही मनोग्राह्यता। कुछ लोगों ने कहा कि यह अनिर्वचनीय है। आनन्दवर्द्धन ने सबका युक्तियुक्त पूर्वक खंडन किया और कहा कि ध्वनि है—अस्ति ध्वनिः। उसका अन्तर्भाव अमिधा, लक्षणा, तात्पर्य, अनुमान आदि में नहीं हो सकता।

उत्तम काव्य का प्रश्न
ध्वनि सिद्धांत और गुणीभूत व्यंग्य की समीक्षा

दिनांक : 31.3.92

विगत वर्ग में ध्वनि की बात करते हुए निष्कर्ष निकाला गया था कि व्यंजना एवं ध्वनि पर्याय नहीं हैं। यह समझना भ्रम है कि जिस काव्य में व्यंग्य है वहाँ ध्वनि भी होगी। ध्वनि के लिए अतिरिक्त भी होना चाहिए। जहाँ व्यंग्यार्थ होगा वहाँ वाच्यार्थ भी होगा ही। एक शाब्दिक अर्थ होता है एवं दूसरा सजेस्टेड मीनिंग। वाच्य से व्यंग्य जहाँ अधिक चमत्कारपूर्ण हो वहीं ध्वनि होगी। मम्मट ने भी कहा है कि वाच्य से व्यंग्य जहाँ अधिक चमत्कारपूर्ण, उत्कर्षपूर्ण हो वहाँ ध्वनि होती है—इदमुत्तममतिशयिनि व्यंङ्ग्ये वाच्याद् ध्वनिर्बुधें: कथित:। आनन्दवर्द्धन ने ग्रेडेशन नहीं किया है। उन्होंने व्यंग्य (के उत्कर्ष को ही) काव्य कहा है। मम्मट ने इसमें ग्रेडेशन करके 'उत्तम' एक नया शब्द लगाया। अब आप सब प्रौढ़ हैं। एक सुप्रसिद्ध श्लोक द्वारा इसे स्पष्ट किया जा सकता है—

नि:शेषच्युतचन्दनं स्तनतटं निर्मृष्टरागोऽधरो
नेत्रे दूरमनञ्जने पुलकिता तन्वी तवेयं तनु:।
मिथ्यावादिनि दूति बान्धवजनस्याज्ञातपीडागमे
वापीं स्नातुमितो गतासि न पुनस्तस्याधमस्यान्तिकम्॥

'दूति' सम्बोधन से प्रकट होता है कि नायिका अपनी उस सखी से कह रही है जिसे प्रिय के पास सन्देश देने के लिए भेजा गया था। यह एक समाजशास्त्रीय अध्ययन का विषय है—दूती...middle man नामक Institution है। उस दूती को जिस काम के लिए भेजा गया था, उसने कुछ और ही किया। लगता है कि तुम उस अधम के पास नहीं गई थी। ऐसा

लगता है कि तुम किसी बावली में नहाने गई थी। यह कैसे मामूल हुआ, यह ऊपर की कविता में बताया गया है। तुम्हारे स्तन पर जो चन्दन लगा हुआ था उसका तट भाग पूरी तरह छूट गया है। अधर का राग भी हट गया है। नेत्र का अँजन भी दूर हो गया है, पुँछ गया है। हे कृशकायिका! तुम और भी दुबली हो गई हो। मेरी जैसी सखी की पीड़ा को नहीं समझनेवाली एवं झूठ बोलनेवाली तुम उस अधम के पास नहीं गई थी। यह 'अधम' शब्द इस बात को इंगित करता है कि उस पुरुष ने अवश्य कुछ गलत किया है। बावली नहाने की बात झूठी है। यद्यपि नहाने की क्रिया से उपरोक्त बातें तो सम्भव हैं, परन्तु स्नान करती तो पूरे स्तन का चन्दन छूटता, केवल तट का ही क्यों छूटा? यहाँ वाच्य है कि स्नान किया है और व्यंग्य यह है कि तुमने मेरे पति/प्रेमी के साथ रतिकर्म किया है। यह व्यंग्य सुन्दर-प्रधान-चमत्कारपूर्ण हो गया है। मम्मट ने इसे उत्तम काव्य या ध्वनि काव्य के उदाहरण के रूप में प्रस्तुत किया है।

किसी बात को सपाट ढंग से कहने में कविता नहीं है। इसे संस्कृत के आचार्यों ने स्वशब्दवाच्यत्व दोष कहा है। किसी भाव की अभिव्यक्ति सीधे-सीधे वाच्य से कर दी जाए तो यह दोष है। ध्वनिवादियों ने कहा कि यह दोष नहीं होना चाहिए। ध्वनि होनी चाहिए जिससे रस व्यंजित हो। वाल्मीकि के प्रसिद्ध श्लोक *मा निषाद प्रतिष्ठां त्वमगमः शाश्वती समाः...* में क्रौंच मिथुन में एक के वध हो जाने पर मुनि का शाप—यह तो वाच्य है। परन्तु क्रौंची के विलाप के रूप में करुणा व्यंजित होती है। मुनि ने करुणा नहीं कहा यह व्यंजित है।

ध्वनि के सिलसिले में प्रधानता-गौणता आदि का विचार मम्मट ने किया है। इसे कामिनीकुचकलशन्याय के द्वारा स्पष्ट किया—

नान्ध्रीपयोधर इवातितरां प्रकाशो
नो गुर्जरीस्तन इवातितरां निगूढः।
अर्थो गिरामपिहितः पिहितश्च कश्चित्
सौभाग्यमेति मरहट्टवधुकुचाभः॥

आप सब वयस्क हैं। मम्मट ने यहाँ दिखाया है कि वाणी में अर्थ यानी व्यंग्यार्थ किस तरह होना चाहिए। शब्द में अर्थ न तो आन्ध्र प्रदेश की युवतियों के स्तन के समान खुला हुआ (अत्यन्त स्पष्ट रूप से प्रकाशमान) होना

चाहिए न ही गुजरात देश की युवतियों के समान निगूढ़ जो दिखाई ही न दे, प्रकाशित ही न हो। उन्होंने कहा कि महाराष्ट्र देशवालियों के समान कुछ ढँका हुआ, कुछ खुला हुआ होना चाहिए—कुछ पिहित हो कुछ अपिहित हो। आँचल में विलास करता हुआ हो। वाणी में अर्थ इसी प्रकार प्रकाशित-अप्रकाशित पिहित-अपिहित होना चाहिए।

ध्वनि के रूप में उत्तम काव्य का निरुपण करने के बाद गुणीभूत व्यंग्य का लक्षण मम्मट ने बताया है। व्यंग्यार्थ के वाच्यार्थ से उत्तम न होने पर गुणीभूत व्यंग्य होता है। व्यंग्य हो पर वाच्य से उत्तम न हो। इसके आठ प्रकार बताए गए हैं। मम्मट ने कालिदास के कुमारसम्भव से गुणीभूतव्यंग्य का उदाहरण दिया है। जब शंकर समाधि में लीन थे एवं पार्वती कामदेव के समस्त सैन्यबल के साथ उनके पास पहुँची, उस समय का वर्णन है—

हरस्तु किञ्चित्परिवृत्तधैर्यश्चचन्द्रोदयारम्भ इवाम्बुराशिः।
उमामुखे बिम्बफलाधरोष्ठे व्यापारयामास विलोचनानि॥

पार्वती को जब उन्होंने देखा तो जैसे चन्द्रोदय के आरम्भ होने पर समुद्र में ज्वार आ जाता है—उसी तरह से शंकर का धीरज विचलित हुआ। यहाँ 'किञ्चित्' शब्द का प्रयोग महाकवि ने किया है। जैसे चन्द्रोदय आरम्भ होने पर समुद्र का विचलन हल्का होता है वैसा ही शिव के यहाँ भी हुआ। उसके बाद उन्होंने अपने नेत्र उमा के बिम्बाफल के समान अधरों पर थोड़ी देर के लिए टिका दिए। क्रिया व्यापार इतना ही हुआ। आनन्दवर्द्धन एवं मम्मट ने कहा कि शंकर की दृष्टि केवल उमा के अधरों पर गई—विचलन भी हल्का हुआ। अनुराग जगा पर थोड़ा सा। यहाँ अनुराग व्यंजित होता है, व्यंजना है श्रृंगार रस की। मम्मट ने कहा कि यह संदिग्धप्राधान्य है। स्पष्ट नहीं है कि प्रधानता किसकी है—श्रृंगार की या नेत्र-व्यापार द्वारा प्रकट अनुराग की। दोनों आचार्यों ने इसे उत्तम काव्य नहीं माना। अब यदि हम दूती प्रसंग वाली कविता से तुलना करते हैं तो देखते हैं कि यहाँ वाच्य ही इतना सुन्दर है कि व्यंग्य के बिना ही, उसके गुणीभूत होने पर भी उत्तम कोटि का काव्य है। मम्मट का एक और उदाहरण देखते हैं—

अदृष्टे दर्शनोत्कंठा दृष्टे विच्छेदभीरूता।
ना दृष्टेन न दृष्टेन भवता लभ्यते सुखम्॥

जब आपके दर्शन होते हैं तब देखने की उत्कंठा होती है एवं दीख जाने पर वियोग भीरुता होती है। अतएव दर्शन-अदर्शन दोनों ही स्थितियों में आपसे दुख ही लिखा है। दिखाई देने अथवा न दिखाई देने दोनों ही स्थितियों में कष्ट ही है। इसी प्रकार का एक दोहा हेमचन्द्र के प्राकृत व्याकरण में अपभ्रंश का मिलता है—

पिय-सङ्गमि कउ निद्‌दडी पिअहो परोक्खहो केम्व।
भइँ विन्नि विन्नासिआ निद्‌द न एम्ब न तेम्व॥

प्रिय के संगम में भी नींद नहीं है एवं परदेश जाने में भी नींद नहीं है। मैं तो दोनों ही स्थितियों में नष्ट हुई। यहाँ वाच्य में दोनों तरह का दुख मौजूद है। न देखने से उत्कंठा एवं देखने से वियोग—दोनों में एक तरह का अनुराग है। इसे गुणीभूत व्यंग्य माना गया है, ध्वनि नहीं। मम्मट ने इसे अस्फुट व्यंग्य का उदाहरण कहा है। यहाँ कहनेवाली नायिका का अभिप्राय यह है कि प्रिय ऐसा उपाय करे जिससे वह न तो अदृष्ट रहे और न ही वियोग का भय हो अर्थात् सदा उसके पास रहे। परन्तु यह व्यंग्यार्थ अस्पष्ट रह गया है। अब देखने की बात यह है कि इस पद्य में काव्यत्व व्यंग्यार्थ के गुणीभूत होने में है या वाच्यार्थ के अनुराग में?

वास्तव में आनन्दवर्द्धन ने इस प्रकार प्रधानता-गौणता का विचार नहीं किया है। वस्तुतः यह बात इतनी Subjective है कि ऐसे विभाजन सम्भव नहीं हैं। बाद के व्याख्याकारों ने यह बदलाव ला दिया है। एक और उदाहरण लेते हैं। प्रसंग महाभारत के स्त्री पर्व का है। भूरिश्रवा की बाँह कटकर उसके आँगन में गिरती है। पत्नी उसे पहचानकर विलाप करती है—

अयं स रशनोत्कर्षी पीनस्तनविमर्दनः।
नाभ्यूरुजघनस्पर्शी नीवी विस्रंसनः करः॥

यह वही हाथ है—कैसा हाथ? शोक में अतीत की स्मृतियाँ आती हैं—करधनी को खींचनेवाला, पीन स्तनों का मर्दन करनेवाला, नाभि, ऊरु, जघन का स्पर्श और नीवी बँध की गाँठ को शिथिल करनेवाला। यहाँ सन्दर्भ करुण का एवं स्मृतियाँ शृंगार की हैं। सभी क्रिया-व्यापार एवं स्मृतियाँ रतिकाल की हैं। इन सारे क्रिया-व्यापारों से शृंगार व्यंजित होता है, परन्तु कटा हुआ हाथ शोक का सूचक है। अतएव शोक-करुणा की प्रधानता है। चमत्कारपूर्ण शृंगार है किन्तु प्रधान करुण। शृंगार करुणा का अंगीभूत है।

सुख की स्मृतियाँ एवं दुख की गहराई को प्रकट करने के कारण काव्य उच्च कोटि का है। मम्मट ने इसे ध्वनि के आधार पर उत्तम काव्य न मानकर गुणीभूत व्यंग्य कहा। उनके अनुसार व्यंग्यार्थ यहाँ अपराङ्ग रूप है, पूर्ण प्रकाशित नहीं है। एक अन्य उदाहरण हाल की 'गाहा सतसई' से लेते हैं—

उअ णिच्चल णिप्पन्दा भिसिणीपत्तमि रेहइ बलाआ।
णिम्मल मरगअ भाअण परिट्ठिआ सङ्ख सुत्ति वि॥
[पश्य निश्चलनिष्पन्दा बिसिनीपत्रे राजते बलाका।
निर्मलमरकतभाजनपरिस्थिता शङ्खशुक्तिरिव॥]

वह देखो! कमलपत्र पर निश्चल निष्पन्द बलाका सुशोभित हो रही है। कमल के हरे-चौड़े पत्ते पर बैठी हुई यह बलाका ऐसी लग रही मानो मरकत के परात में एक शंख-शुक्ति रखी हुई हो। उत्प्रेक्षा अलंकार है। यहाँ व्यंजना निश्चल एवं निष्पन्द रूप से बैठे होने में है। निश्चलता चलने-फिरने से भंग होती है। स्पन्दन बैठे रहकर भी सम्भव है। निश्चल इसलिए है कि बहेलिए की आशंका नहीं है। स्पन्दन इसलिए नहीं है कि कोई खतरा नहीं है। यहाँ अबाधता के माध्यम से नायिका रति के लिए निर्विघ्न जगह का संकेत दे रही है। यही व्यंग्यार्थ है। इस पूरे पद्य में व्यंग्य से शृंगार की पुष्टि होती है। अब बताइए कहाँ वह निःशेषच्युतचन्दम्...वाली दो कौड़ी की कविता और कहाँ यह बिम्ब। आज का पाठक इस कविता में व्यंग्यार्थ की जगह उपमा और बिम्ब पर ध्यान देगा। बिम्ब के कारण सराहना करेगा। यहाँ वाच्यार्थ ही सुन्दर है, व्यंग्यार्थ नहीं।

हमने देखा कि ध्वनि के निरुपण में प्रधानता और गौणता का विचार एवं इस क्रम में दिए गए उदाहरणों से ऐसा प्रतीत होता है कि आवश्यक नहीं कि ध्वनि के कारण ही काव्य सर्वश्रेष्ठ हो। भट्टनायक ने आलोचना में यही कहा था। ध्वनि काव्य का एक प्रकार है। जरूरी नहीं कि जहाँ ध्वनि हो, वही काव्यत्व हो। आनन्दवर्द्धन ने स्वयं कहा है कि इतने ध्वनिरागी न बनो कि हर काव्य में ध्वनि ही ध्वनि ढूँढ़ा जाए। यानी ध्वनि एक Subjective चीज है। इसमें विभिन्न लोगों के विभिन्न विचार आ सकते हैं। व्यंजना अपने रसिक के संस्कार एवं अभिवृत्ति पर निर्भर है। ध्वनि का विरोध इसलिए हुआ था कि आप कुछ भी व्यंजना कीजिएगा... इन्हीं कारणों से रस का

विरोध किसी ने नहीं किया, पर ध्वनि का विरोध भट्टनायक, महिम भट्ट आदि ने किया। ...लेकिन यह सच है कि ध्वनि छोटी-बड़ी कविताओं की समझ की समर्थ विधि है। अन्य चीजें न भी हों तो भाषा के आधार पर कविताओं के सौन्दर्य को देखने की यह विधि एक नई खोज थी। ध्वनि के माध्यम से ही व्यंजना सम्भव है।

नाट्योत्पत्ति का प्रसंग और रसचर्चा का आरंभिक स्वरूप

रस ठेठ भारतीय अवधारणा है। इसका एक इतिहास है। इतिहास क्रम में इसका मूल अर्थ अब लुप्त हो गया है। परिवर्तित हो गया है। इधर विद्वानों ने अपने प्रयत्नों से इसके मूल अर्थ तक पहुँचने का प्रयास किया है। रस की पहली चर्चा भरत मुनि ने अपने नाट्यशास्त्र के छठे अध्याय में की है। सातवाँ अध्याय जो भावों पर है, वह भी इससे सम्बन्धित है। नाट्यशास्त्र के लगभग छह सौ साल बाद अभिनव गुप्त ने 'अभिनवभारती' नामक टीका लिखी एवं यह इतनी प्रभावकारी सिद्ध हुई कि इस व्याख्या को ही प्रामाणिक मान लिया गया। आजकल विद्वानों में अभिनव गुप्त द्वारा स्थापित रस का रूप ही प्रतिष्ठित है। मराठी विद्वानों ने बीसवीं शताब्दी के उत्तरार्द्ध में भरत मुनि के रस-निरुपण का विशेष रूप से उद्धार करके प्रस्तुत करने का प्रयास किया है। इनमें मुख्य रूप से दो विद्वान उल्लेखनीय हैं—एक दि.के. बेडेकर और दूसरे डॉ. सुरेन्द्र बारलिंगे। भरत मुनि के नाट्य रस विवेचन के आरम्भ में हम इन दोनों विद्वानों की पुस्तकों को आधार रूप में रखेंगे।

भरत मुनि के नाट्यशास्त्र के छठे एवं सातवें अध्याय के विवेचन में रस प्रमुख है। किन्तु पूर्व के उद्धरणों में भी इसका जिक्र हुआ है। अर्थात् यह रस अचानक प्रकट नहीं हुआ है। अनुमान है कि रस की कोई परम्परा थी जिसे भरत ने अपने ग्रन्थ में अन्तर्भुक्त कर लिया। कई दृष्टियों से पहला अध्याय नाट्योत्पत्ति महत्त्वपूर्ण है पर दुर्भाग्यवश विद्वानों के बीच उपेक्षित है। रस निरुपण एवं अन्य दृष्टियों से उसका महत्त्व है। यह जान लेना आवश्यक है कि हमारे यहाँ किसी भी चीज की उत्पत्ति में परम्परा बताई जाती है। एक लम्बी माइथोलॉजी बताई जाती है। त्रेतायुग में इन्द्र आदि देवता प्रजापति के पास

खिलौना के लिए गए—क्रीडनीयकमिच्छामो दृश्यं श्रव्यं च यद् भवेत्। ऐसा खिलौना जो आँखों से देखने योग्य और कानों से सुनने योग्य हो—दृश्य भी हो और श्रव्य भी हो। ब्रह्मा ने देवताओं की इच्छा के अनुसार पंचमवेद के रूप में नाट्यवेद बना दिया, लेकिन दिया देवताओं को नहीं मनुष्य को। यह देवता के लिए नहीं मनुष्य के लिए है। इसकी योग्यता देवताओं में न थी—*कुशला ये विदग्धाश्च प्रगल्भाश्च जितश्रमा। तेष्वयं नाट्यसंज्ञो हि वेदः संक्राम्यतां त्वया॥* उन्होंने भरत मुनि को दिया। भरत सम्भवतः शूद्र थे। पंचमवेद-नाट्यवेद। पंचम वर्ण-अंत्यज। नाट्यवेद सार्ववर्णिक है। यह सभी वर्णों के लिए है। वेद शूद्रों के लिए नहीं थे। नाट्यवेद सभी के लिए है—

न वेदव्यवहारोऽयं संश्राव्यः शूद्रजातिषु।
तस्मात् सृजापरं वेदं पञ्चमं सार्ववर्णिकम्॥

नाटक में वैचित्र्य या लालित्य होना चाहिए। इसलिए सौन्दर्य व्यापार के लिहाज से कैशिकी वृत्ति का समावेश हुआ। भरत ने कहा—बिना स्त्रियों के इस वृत्ति का प्रयोग सम्भव नहीं है। तब ब्रह्मा ने नाट्यालंकार में चतुर अप्सराएँ भरत को दीं। इस तरह स्त्रियों का भी प्रवेश हुआ।...शिव-पार्वती का प्रसंग-तांडव-पुरुष, लास्य-स्त्री, शिव का तांडव रस-भाव-विवर्जित 'वृत्त' है जबकि पार्वती का लास्य रस-भाव-समन्वित नृत्य है। आचार्य हजारीप्रसाद द्विवेदी ने दशरूपक की लम्बी भूमिका लिखी है। भरत ने अपने सौ पुत्रों को नाट्यवेद का प्रयोग बताया। भरत पुत्रों की सर्वत्र प्रशंसा होने लगी। वे दूसरों का मजाक उड़ाने लगे। ऋषि-मुनियों का स्वाँग खेलने लगे। यह देखकर ऋषि क्रुद्ध हुए और भरतपुत्रों को शाप दिया—

यस्मात् मदोन्मत्ताः न विद्याविनयान्विताः।
तस्मादेतद्धि भवतां कुज्ञानं नाशमेष्यति॥

[तुम लोग ज्ञान से उन्मत्त हुए हो। विद्या से जो विनय आता है उसका तुम लोगों में पूर्ण रूप से अभाव है। इसलिए तुम्हारा यह कुज्ञान नष्ट हो।]

नाट्यवेद का निर्माण कई जगहों से ग्रहण किया गया है। वेदों-उपवेदों से लिया गया। अभिनय आर्येत्तर देन है। इसकी परम्परा पहले से थी। ऋग्वेद से पाठ, साम से संगीत एवं अथर्ववेद से रस आदि लेकर गृहीत होकर ही यह पाँचवाँ वेद बना—

जग्राह पाठ्यं ऋग्वेदात् सामभ्यो गीतमेव च।
यजुर्वेदादभिनयान् रसानाथर्वणादपि॥

जब यह वेद बन गया तो इसके लिए दूसरे प्रमाण की आवश्यकता नहीं रही एवं यह स्वायत्तशास्त्र बन गया। नाट्यशास्त्र के लिए अन्य प्रमाण की कोई आवश्यकता नहीं है।

यह नाटक सुख–दुख समन्वित लोक के लिए है। यह क्रीडा वहीं हो सकती है जहाँ सुख–दुख दोनों हों। जहाँ केवल सुख अथवा केवल दुख हो वहाँ नाटक नहीं खेला जा सकता है। अति सुख वाले नाटक क्यों देखें एवं अति दुख वाले को नाटक देखने की फुरसत ही नहीं है। भरत मुनि ने स्पष्ट किया कि सुख–दुख मिश्रित लोक–स्वभाव जब सौन्दर्य व्यापार द्वारा अभिव्यक्त होता है, तब वह नाट्य होता है—

योऽयं स्वभावो लोकस्य सुखदुख:समन्वित: ।
अंगाद्यभिनयोपेत: नाट्यमित्यभिधीयते॥

नाट्योत्पत्ति में नाट्य–प्रयोग की कहानी कही गई है। प्रथम नाटक खेले जाने की कहानी देवासुर–संग्राम से सम्बन्धित है। कहानी सतयुग की है पर कही गई है त्रेतायुग में। यह वैदिक युग की कहानी है जब कर्म के रूप में यज्ञ का विधान था। अतएव नाटक यज्ञ से अभिन्न रूप से जुड़ा हुआ है। आज यज्ञ हवन की चीज मात्र बन गया है जबकि ऋग्वेद में यज्ञ एक सम्पूर्ण जीवन प्रणाली था जिसका आरम्भिक स्वरूप कृषि तंत्र से जुड़ा था। यज्ञ एक अहर्निश चलने वाला व्यापार जिसमें सामूहिक रूप से सभी लोग भाग लेते थे। कामायनी में मनु पाकयज्ञ करते हैं। उस काल में सम्पूर्ण जीवन ही यज्ञ था। इसी यज्ञ की प्रक्रिया का एक अंग नाटक था। आज यज्ञ का मतलब बदलकर कर्मकांड तक सीमित रह गया है। यज्ञ की मूल चेतना का अर्थ हम भूल चुके हैं। कालिदास ने इसे चाक्षुष यज्ञ–नेत्र महोत्सव अथवा नेत्रों के लिए यज्ञ कहा है। यज्ञ के वृहत्तर रूप के अन्तर्गत एक छोटा–सा रूप यह भी था।

रिहर्सल वगैरह कर लिया। अब एक अवसर चाहिए था। अवसर मिला। देवासुर संग्राम के पश्चात् इसके उत्सव में देवता लोग प्रतिवर्ष यज्ञ करते थे। ब्रह्मा ने कहा कि महेन्द्र विजय के अवसर पर देवता लोग नाटक खेलें। ऐसे अवसर पर नाटक क्यों न देवासुर संग्राम का ही खेला जाए।

नाटक खेला गया—इन्द्रध्वजमह। नाट्यशास्त्र की कथा से मालूम होता है कि यह डिम या समवकार नाटक था। डिम या समवकार नाटक रौद्र रस से पूर्ण होता है—इसमें मनुष्यों के दो समूह एक-दूसरे पर प्रहार करते थे। नान्दी पाठ के साथ नाटक आरम्भ हुआ। देवताओं ने दैत्यों पर जिस प्रकार विजय प्राप्त की थी उस सम्फेट अर्थात् रोष वाक्य, गर्जन-तर्जन आदि का युद्धात्मक अभिनय खेला जाने लगा। तमाम लोग देखनेवाले थे—देवता और असुर दोनों। असुरों को यह अपमानजनक दृश्य असह्य लगा। उन्होंने भयंकर उत्पात किया। गरज यह कि नाटक पूरा नहीं हो पाया—यज्ञ विध्वंस हो गया। सहायता के लिए इन्द्र आए, उन्होंने अपने जर्जर नामक ध्वजदंड से असुरों को पीट-पीटकर जर्जर देह कर दिया। सुरक्षा की बकायदा तैयारी की गई। देवता दौड़े-दौड़े ब्रह्मा जी के पास गए। ब्रह्मा ने मजबूत दीवारों वाली रंगशाला बनाने का उपदेश दिया। रंगशाला में दंडधर हों। पूरे मंडल को थोड़ा-थोड़ा बाँटकर देवता रक्षा करने लगे। साथ ही पूजा का विधान हुआ। सारी तैयारी के बाद पुनः वही नाटक खेला गया। पुनः असुरों ने उत्पात किया। इन्द्र ने ध्वज दिया। जर्जर पूजा के नाम पर नाटकों में डंडा रखा जाने लगा जो आज भी प्रचलित है। दैत्यों की फिर पिटाई हुई। पितामह प्रकट हुए। उन्होंने राक्षसों से पूछा—आपको क्या कष्ट हुआ कि इतना तंग कर रहे हैं। दैत्यों ने कहा कि यह नाटक हमारे जले पर नमक है। हम कैसे सहन करें। आपने पक्षपात किया है जबकि आप देवता और दैत्य दोनों के पितामह हैं। हम दोनों ही आप से पैदा हुए हैं। ब्रह्मा ने कहा—हे भले लोगों! आप लोग विषाद को छोड़ दें। यह नाटक न तो आप दैत्यों का और न ही केवल देवताओं का है अपितु इसमें तो त्रैलोक्य के भावों का अनुकीर्तन है। यह सभी का है।

नैकान्तोऽत्र भवतां देवानां चानुभावनम्।
त्रैलोक्यस्यास्य सर्वस्य नाट्यं भावानुकीर्तनम्।

फिर नाटक सम्पन्न हुआ। यहाँ एक बात ध्यान देने योग्य है कि ब्रह्मा जब आए थे तो उनके हाथ कुछ दंडधर भी आए थे एवं ब्रह्मा का व्याख्यान reinforced था।

नाटक अनुकीर्तन है, उसे वास्तविक न समझो। ग्रीक में अरस्तू का अनुकरण सिद्धान्त है—इमिटेशन। भरत मुनि के नाट्यशास्त्र में भी इमिटेशन का सिद्धान्त है। भरत मुनि के अनुकीर्तन के सिद्धान्त को व्याख्यायित करते

हुए अभिनव गुप्त ने कहा कि पूरा का पूरा अनुकरण सम्भव नहीं है। अतः अनुकरण की जगह अनुकीर्तन कहा गया।

नाटक के पश्चात् नटों को उपहार दिए गए। इस उपहार में दी गई चीजें उल्लेखनीय हैं। यह बताता है कि नाटक के निर्माण में भिन्न-भिन्न जातियों ने अपना अंश दिया—

शेषा ये देवगन्धर्वा यक्ष राक्षसपन्नगाः।
तस्मिन् सदस्यभिप्रेतान् नानाजातिगुणाश्रयान्।
अंशाशै-र्भाषितं भावान् रसान् रूपं बलं क्रियाम्॥

देवों ने भाव भेंट किए। गन्धर्वों ने रस दिए।

नाट्योत्पत्ति नामक प्रथम अध्याय में ही रस की चर्चा है। भरत मुनि की कहानी से मालूम होता है कि रस नामक कला-विधि केवल आर्यों की चीज नहीं है। आर्येत्तर लोगों ने ही रस सृष्टि की। अन्य स्रोतों में भी रस को अथर्ववेद से सम्बद्ध माना जाता है जो कि अनार्यवेद कहा जाता है। रस गन्धर्वों के द्वारा प्रदत्त था। आज हम समझते हैं कि यक्ष, गन्धर्व, किन्नर नाम यूँ ही दे दिए गए हैं। ये प्राचीन काल में ट्राइब थे। संगीत, नृत्य, वाद्य, नाट्य आदि इन्हीं से सम्बन्धित थे। भारतीय संस्कृति के माध्यम से आर्यों का जो रूप ऋग्वेद में मिलता है, उसमें वे शौर्य एवं पराक्रम के लिए प्रसिद्ध हैं। सुकुमार कलाएँ आर्येत्तर जातियों के माध्यम से आईं। रस नामक तत्त्व भी दूसरी जनजातियों के माध्यम से हमारे यहाँ नाटक में आया। अतएव इस नाट्योत्पत्ति की कथा को ध्यान से देखना चाहिए।

रस का मतलब है समरसता। वहाँ द्वन्द्व नहीं है। द्वन्द्व पाश्चात्य चीज है। समरसता में भी द्वन्द्व हो सकता है। जयशंकर प्रसाद के नाटकों में दोनों का समाहार है। दिल्ली विश्वविद्यालय में प्रश्न पूछा जाता है—कामायनी का अंगी रस क्या है? अंगी रस—अंग रस (गौण...) नाट्योत्पत्ति की इस कथा से साफ पता चलता है कि नाटक और रस के मूल में द्वन्द्व है। एक अन्य बात यह कि ब्रह्मा का व्याख्यान इस द्वन्द्व के समाहार का प्रयास है। विरोध के शमन के लिए ब्रह्मा का कथन अत्यन्त महत्त्वपूर्ण है। इसमें पक्षपात के आरोप का समाधान किया गया है। निष्पक्षता का दर्शन प्रस्तुत किया गया। यहाँ निष्पक्षता का जो तर्क दिया गया है उससे पता चलता है कि रस एक प्रकार की Ideology है जो निष्पक्षता का दावा करती है किन्तु मूलतः एक पक्ष के औचित्य की स्थापना करती है।

अभिनव गुप्त ने महारस की जो परिकल्पना की है उसमें सभी रसों की परिणति शान्त रस में दिखाई गई है। शान्ति की स्थापना पीड़ित पक्ष को ध्यान में रखकर...असुरों को खूब पीटा गया, फिर मरहम लगाया गया। नाट्य मंडप का रक्षा-विधान एवं शान्तिपाठ एक पक्ष को पुष्ट करता है—नाशक्तस्य सामाङ्गीकरोति दुर्जन इति पूर्व रक्षाकरणम्।

यह एक दृष्टिकोण विशेष (विचारधारा) है जिसका उपयोग एक विशेष पक्ष को पुष्ट करता है। प्रथम अध्याय में नाटक में निहित द्वन्द्व की स्थापना है एवं उस द्वन्द्व के समाधान के लिए रचे गए सिद्धान्त के रहस्य का वर्णन है। नाटक एवं रस के बारे में इस तथ्य को भुला दिया गया। अभिनव गुप्त ने भरत मुनि के नाट्यशास्त्र के इस मूल स्वरूप को अपनी व्याख्या में छिपा दिया। उन्होंने अपने वर्गीय तत्त्वों की तो व्याख्या की, पर अन्य को नहीं दिखाया।

रस का स्वरूप : द्वन्द्व और वस्तुनिष्ठ

दिनांक : 17.4.92

हम लोग नाट्यशास्त्र में रस प्रकरण पर विचार कर रहे थे। इसलिए नाट्यशास्त्र में रस का क्या स्वरूप है इस पर विचार...रस की चर्चा छठे एवं भावों की सातवें अध्याय में की गई है। पहले अध्याय में नाट्योत्पत्ति के क्रम में भरत मुनि ने अनुकरण सिद्धान्त द्वारा नाटक की व्युत्पत्ति की चर्चा की है। भरत मुनि ने इसे अनुकरण नहीं अनुकीर्तन कहा है जिसे अभिनव गुप्त ने न्याय के अध्यवसाय से परिभाषित किया।

यज्ञों का नाट्य से सम्बन्ध है जो महत्त्वपूर्ण है। अतएव रस का सम्बन्ध यज्ञों से है। इसके सन्दर्भ में भरत मुनि ने अर्थ-काव्यार्थ, भाव और विभाव आदि शब्दों का प्रयोग किया है और फिर रस। इतने शब्द...यहाँ औसत परस्थ सम्बद्ध शब्द हैं। इन शब्दों को यद्यपि विशेष सन्दर्भ में इस्तेमाल किया गया है—किन्तु ये शब्द जीवन के विस्तृत सन्दर्भ में प्रयुक्त होते हैं। उदाहरण के लिए 'अर्थ' हमारे लिए विशेष एवं अर्थगर्भ शब्द हैं—अर्थ एक प्रकार का पुरुषार्थ है। इसी तरह भाव का प्रयोग चित्तवृत्ति के लिए होता है। भाव-भावना का प्रयोग आयुर्वेद एवं सांख्य दर्शन में भी है।

इसी तरह रस का प्रयोग ब्रह्मविद्या के सन्दर्भ गें हुआ है। ब्रह्म को रस कहा गया है। वैदिक साहित्य-उपनिषद, आयुर्वेद सब में रस है। रस का समरस भी है। यह बहुत व्यापक शब्द है। इन शब्दों का प्रयोग नाट्य से बाहर भी होता है। अतएव भरत मुनि ने लोक में प्रचलित इन शब्दों के अर्थ को ध्यान में रखते हुए प्रयोग किया होगा—*लोक स्वभाव संसिद्धा लोकयात्रानुगामिन: । अनुभावा विभावाश्चज्ञेयास्त्वभिनये बुधै: ॥*

देवासुर संग्राम में गन्धर्वों ने रस दिया था, इसकी चर्चा हमने की है। रस और यज्ञ का सम्बन्ध देखने के लिए सातवें अध्याय का सातवाँ श्लोक ध्यान देने लायक है—

योर्थोहृदयसंभावी तस्य भावो रसोद्भव।
शरीरं व्याप्यते तेन शुष्कं काष्ठमिवाग्निना॥

जो अर्थ हृदयसंभावी है उसके भाव को रस का मूलभूत कहते हैं अर्थात उस अर्थ का भाव ही रस का उत्स है। वह रस पैदा होने पर सम्पूर्ण शरीर में व्याप्त हो जाता है जैसे शुष्क काष्ठ में अग्नि। यहाँ अर्थ, भाव, रस—सबका प्रयोग हुआ है। यद्यपि मूल अर्थ में रस हृदय में ही रहता है। *शुष्कं काष्ठमिवाग्निनः* यज्ञ से जुड़ा हुआ शब्द है। बाबा तुलसीदास ने कहा—

अतिसय रगर करै जो कोई।
अनल प्रगट चन्दन ते होई॥

अग्नि की उपमा दी गई। यह यज्ञ की अग्नि है। जिस तरह अरणि-मन्थन से, रगड़ से यज्ञ की अग्नि पैदा होती है उसी प्रकार रस पैदा होता है। ऐसा नहीं है कि अग्नि कहीं दूसरे जगह से आती है वह हृदय में ही मौजूद है। वह रगड़ अर्थात् द्वन्द्व से व्यक्त होती है। उसे व्यक्त होने के लिए द्वन्द्व आवश्यक है। मानव के हृदय में रस सुप्त होता है अतएव उसे भाव कहते हैं। भाव का अर्थ है होना। सुप्त है इसलिए भाव रूप में वह अर्थ विद्यमान है। जिस प्रकार शब्द में अर्थ सोया रहता है उसी प्रकार हृदय में भाव। कवि के हृदय का भाव अमूर्त रूप से सोया रहता है। कालिदास के मन में कुछ भाव रहे होंगे जिसे उन्होंने शब्द दिया। विभावों (भाव के हेतु) के सहारे अभिनय-वाचिक, आंगिक क्रियाओं एवं अनेक चेष्टाओं द्वारा मूर्त रूप दिया।

अर्थ कवि के हृदय का भाव है—यह काव्यार्थ बनता है विभाव से। ये सारी चीजें काव्यार्थ कहलाती हैं। जिस प्रकार कवि के हृदय में भाव रहते हैं उसी प्रकार काव्यार्थ भी सोया रहता है। सम्पूर्ण काव्यार्थ जब वाक् से आगे चलकर प्रयोग रूप में पूरे संसार के साथ खेला गया, तब उससे पूरा रस मिलता है। पूरा प्रयोग अर्थात् अभिन्यादि—मंच सज्जा, प्रकाश, पात्र आदि के साथ। भरत मुनि के नाट्यशास्त्र में निहित प्रयोग का प्रयोगवाद से कोई सम्बन्ध नहीं है। जब तक विद्वान लोग सन्तुष्ट नहीं होंगे मैं इस प्रयोग को प्रयोग नहीं मानूँगा—*आपरितोषाद् विदुषां न साधु मन्ये प्रयोग विज्ञानम्* (कालिदास)। इस प्रकार जो भाव कवि के हृदय में अमूर्त होकर सोया रहता है, वही रगड़, संघर्ष-द्वन्द्व के द्वारा रस बनता है। इसीलिए रस

की मंच पर सृष्टि की जाती है। भरत मुनि के यहाँ रस एक पदार्थ है—*रसः इति कः पदार्थः।* रस एक वस्तुनिष्ठ पदार्थ है। आग रगड़ से पैदा की जाती है। भाँग घोंटाई से बनती है तमाम चीजों को मिलाकर। उसी प्रकार रस आस्वाद्य है। रस कौन पदार्थ है। इसका उत्तर देते हुए कहा—*उच्यते, आस्वाद्यत्वात्।* यह पदार्थ चर्वणा रूप है—*चर्व्यमाणतैक प्राणः*। जितनी देर तक खेला जाता है, अभिनय काल में ही प्रयोग से रस प्रस्तुत होता है और यह वस्तुनिष्ठ है।

पूरे नाट्यशास्त्र में रस प्रयोग में बड़ी सावधानी बरती गई है। रस तैयार करने में कुशलता, अनुपात से प्रयोग करना होता है। जैसे—दही बड़े में हींग का प्रयोग सावधानी और अनुपात के साथ होता है। इस प्रकार रस का प्रयोग आस्वाद पदार्थ के रूप में किया गया। भरत के अनुसार—*यथा हि गुडादि-भिर्द्रव्यैञ्जनै-रौषधिभिश्च षाडवाद्यो रसा निर्वर्त्यन्ते तथा नाना भावोपपगता... रसत्वमाप्नुवन्तीति।*

अभिनव गुप्त ने इसका अर्थ बदलकर इसे रस प्रयोग से रसानुभूति में ढाल दिया जो सहृदय के हृदय में स्थित होता है। यहाँ रस Subjective हो गया। अभिनव गुप्त, मम्मट, विश्वनाथ सबने यही कहा कि रस अनुभूति है। किसकी? सहृदय की? इसका स्वरूप कैसा है? आनन्द। आनन्द कैसा? ब्रह्म साक्षात्कार के निकट-समतुल्य। इसे 'परब्रह्मस्वाद संविध' कहा गया। जिसे अंग्रेजी में स्थेटिक एक्सपीरियेंस कहते हैं, रस भी सहृदय की अनुभूति के रूप में व्यक्त होता है।

रस का प्रथम हृदय मंच है जहाँ वह नटों के प्रयोग द्वारा पैदा होता है। रस के इस वस्तुनिष्ठ स्वरूप को डि.के. बेडेकर और सुरेन्द्र बारलिंगे ने सन् 1950 ई. के आस-पास उद्घाटित किया। जिस प्रकार आयुर्वेद में औषधि तैयार की जाती है। भैषजकाचार्य जैसी विधि अपनाते हैं। आयुर्वेदिक दवाएँ रस के नाम से जानी जाती हैं। भरत मुनि जब रस को मूल वस्तु कहते हैं, वे तैयार करने पर, प्रयोग में लाने पर अपना ध्यान केन्द्रित करते हैं। भोजन में भक्षण करने वाले सहृदय पर उनका जोर था। बाद में नाट्य लेखन, नाट्य प्रयोग की परम्परा समाप्त हो गई एवं पाठ्य अर्थात् काव्य की परम्परा ही रह गई। वहीं से रस अनुभूति की वस्तु बन गया।

आस्वाद्य पक्ष के अतिरिक्त आस्वाद पक्ष पर भी उनका ध्यान था। रस

का आस्वाद पहलू भी होता है जो हर्ष देता है। जिस प्रकार नाना प्रकार के व्यंजनों से संस्कृत (बनाए गए) अन्न को खानेवाले पुरुष रसों का आस्वादन करते हैं और आनन्द प्राप्त करते हैं, वैसा ही आनन्द प्रेक्षक, सहृदय (सुमना:) प्राप्त करते है—*यथा हि नाना व्यंजन-संस्कृतमन्नं भुञ्जाना रसानास्वादयन्ति हर्षादींश्चाधिगच्छन्तीति, 'सुमनस:' पुरुषा इत्यभिवाख्याता:। तथा नाना भावाभिनय व्याञ्जितान्...हर्षादींश्चाधि गच्छनतीति...तस्मान्नट्यरसा:।* अभिनव गुप्त ने भी इसकी व्याख्या में कहा कि विधानपूर्वक निर्मित अन्न के रसास्वादन से प्रसन्नता, तृप्ति, जीवन, पुष्टि, आरोग्यादि फल प्राप्त होते हैं और नाट्यरस से आनन्द तथा धर्मादि ज्ञान रूप फल की प्राप्ति होती है। भरत ने रस के दोनों पक्षों—आस्वाद्य और आस्वाद पर विचार किया है, परन्तु मुख्य जोर वस्तुनिष्ठ पक्ष पर ही दिया है। दूसरी ओर अभिनव गुप्त का मुख्य ध्यान रस को इन्द्रियों से परे अलौकिक अनुभूति के रूप में दार्शनिक स्वरूप देने पर है।

रस जब पूरा तैयार हो जाए तब उसे सिद्धि कहते हैं। भरत मुनि ने रससिद्धि का प्रयोग किया है। इसके लिए साधना जरूरी है। साधना से ही सिद्धि मिलती है। बाद के रचनाकारों ने साधना पर कम ध्यान दिया।

रसों और भावों के परम्पर सम्बन्ध में तीन विकल्प हैं—भाव से रस उत्पन्न होता है या रस से भाव या भाव से रस एवं रस से भाव। इस सन्दर्भ में भरत मुनि ने कहा, रस भाव से उत्पन्न होता है, रस से भाव उत्पन्न नहीं होता। रस और भाव एक-दूसरे को भावित करते हैं, उत्पन्न नहीं। भाव ही रस को उत्पन्न करता है—*न भावहीनोऽस्ति रस:*। जैसे आधारभूत अन्न से व्यंजन को आस्वाद योग्य बनाया जाता है, उसी प्रकार भावों के द्वारा रस्यमानता होती है। अन्योन्याश्रय दोष से रहित होकर भाव एवं रस का योग अभिनय द्वारा सिद्ध होता है। इस सन्दर्भ में पूर्व मतों का उल्लेख करते हुए भरत एवं अभिनव गुप्त ने अपना मत प्रस्तुत किया है।

मूल नाट्यशास्त्र में आठ ही भाव एवं आठ ही रस थे। इनमें भी भरत मुनि दिखाते हैं कि चार रस—शृंगार, रौद्र, वीर, वीभत्स शेष चार रसों—हास्य, करुण, अद्‌भुत, भयानक की उत्पत्ति के हेतु हैं। मूल चार रसों में शृंगार-वीर, रौद्र-वीभत्स का युग्म देवासुर संग्राम के द्वन्द्व का स्मरण कराता

है। नवम रस—शान्त रस नाट्यरस में बाद का विधान है। अभिनव गुप्त ने विस्तारपूर्वक शान्तरस की चर्चा करते हुए उसकी स्थापना की है। सम्भवत: बौद्ध धर्म के प्रभाव से शान्त रस आया। अब यह मान लिया गया है। चौथी शताब्दी तक नवम् रस जुड़ गया था। हर्षवर्द्धन के पहले ही इसकी स्वीकृति हो चुकी थी। नाट्यशास्त्र में यह जोड़ा बाद में गया, पर इसके उदाहरण मिलते हैं।

भरत मुनि ने अष्टौ नाट्ये रसाः स्मृताः कहा। नौवाँ रस अलग से नहीं है। सभी रसों का पर्यवसान शान्त में ही होता है। यह हमारे दर्शन की मूल विशेषता है। भरत ने कहा—

भावा विकारा रत्याद्याः शान्तस्तु प्रकृतिर्मतः।
विकारः प्रकृतेर्जातः पुनस्तत्रैव लीयते॥

[शृंगार आदि अन्य सब रसों के रत्यादि स्थायीभाव विकार रूप हैं और शान्त रस उन सबका प्रकृति रूप है। विकार अर्थात् शृंगार आदि अन्य सब रस प्रकृति अर्थात् शान्त रस से उत्पन्न होते हैं और अन्त में फिर उसी में लीन हो जाते हैं।]

नृत्य-संगीत में विलम्बित, द्रुत विलम्बित होता है पर अन्त शम पर। शम अर्थात् शान्त। अतएव शान्त कोई स्वतंत्र रस नहीं है। नवम् रस के रूप में संगति बैठाने के क्रम में अभिनव गुप्त ने भी माना कि रसों का चरम आस्वाद तो विषयों से उपरति है। इस तरह शान्त सब का आधार है और सभी रसों का आस्वाद प्रायः शान्त के ही रूप में होता है—

तत्र सर्वरसानां शान्तप्राय एवास्वादो न विषयेभ्यो विपरिवृत्त्या,
तन्मुख्यतालाभात्। केवलं वासनान्तरोपहित इति।
अस्य सर्वप्रकृतित्वमभिधाय पूर्वमभिधानम्।

बेडेकर ने भरत विवेचित रसों की मूल संख्या की ओर ध्यान दिलाया। उन्होंने कहा कि मूल रस चार हैं एवं चार उसके अनुचर हैं। मूल रस चतुष्टय हैं—शृंगार-वीभत्स-वीर-रौद्र और इसी के समानान्तर चार अनुचर हैं—हास्य-अद्भुत-भयानक-करुण। चार को भी दो में रिड्यूस किया। दो जोड़े बनाए—शृंगार का प्रतियोगी वीभत्स और वीर का प्रतियोगी रौद्र। इन जोड़ों की कल्पना का आधार देवासुर संग्राम है। इनमें कुछ देवों से जुड़े हैं, कुछ असुरों से। शृंगार, वीर, हास्य, अद्भुत प्रीतिकर हैं, वीभत्स, रौद्र, भयानक, करुण

अप्रीतिकर। प्रथम सुखमूलक एवं दूसरे दुखमूलक। मूल नाटक देवासुर संग्राम के रूप में था। उसमें युद्ध एवं संघर्ष था। देव एवं असुर दो तत्त्व हैं। इन दोनों तत्त्वों के द्वन्द्व के बिना रस नहीं होगा। यज्ञ में जिस प्रकार दो लकड़ियों के द्वन्द्व, संघर्ष से आग पैदा होती है उसी प्रकार नाटक में दोनो पक्षों—देव और असुर के द्वन्द्व से रस पैदा होता है। सुख एवं दुख दो अनुभूतियाँ हैं। दोनों के द्वन्द्व से ही रस पैदा होता है। रस को सुखदुखात्मक-उभयाविध मानने वालों की परम्परा रही है। भोजन को चबाने से ही स्वाद मिलता है। उसी प्रकार चर्वणा ही रस का प्राण है।

भरत मुनि ने रसों का वर्ण, देवता आदि भी बताया है। अभिनव गुप्त ने कहा वर्ण श्वेतादि तो स्पष्ट है—*वर्णःश्वेतादिरिति तु सुस्पष्टम्।* भरत मुनि ने कहा—

श्यामो भवति शृंगारः सितो हास्यः प्रकीर्तितः।
कपोतः करुणश्चैव रक्तो रौद्रः प्रकीर्तितः॥

[शृंगार रस का श्याम-वर्ण होता है। हास्य रस का श्वेत माना जाता है। करुण रस का कपोत वर्ण (कबूतर जैसा रंग) और रौद्र रस का लाल रंग कहा गया है। इसी प्रकार वीर का गौर वर्ण, भयानक का कृष्ण, वीभत्स का नीला और अद्‌भुत-रस पीले रंग का माना गया है।]

शृंगार श्याम होते हुए भी कान्तिमान है, लावण्ययुक्त है। उसका वेष उज्ज्वल है—*शृंगारो नाम रतिस्थायिभाव प्रभवः उज्ज्वलवेषात्मकः।* संसार में जो कुछ शुद्ध, पवित्र, उज्ज्वल और दर्शनीय होता है उसकी शृंगार के साथ उपमा दी जाती है। गौरवर्ण भी दो तरह का होता है—कर्पूरगौर और हरिद्रागौर। देवताओं की चर्चा करते हुए अभिनव गुप्त ने लिखा है कि शान्तरस को मानने वाले बुद्धदेव को उसका देवता मानते हैं—*बुद्धः शान्तेऽजजोऽद्‌भुते इति शान्तवादिनः केचित् पठन्ति। बुद्धो जिनः परोपकारैकपरः प्रबुद्धो वा॥*

देव-असुर दो पक्ष हैं। दो प्रवृतियाँ। नाटक में दो प्रवृत्तियों के द्वन्द्व से रस पैदा होता है। द्वन्द्व में अनुकूलता-प्रतिकूलता-पूरकता होती है। आचार्य शुक्ल ने विरुद्धों का सामंजस्य कहा है। द्वन्द्व में दो होते हैं। दोनों पक्ष—mutually exculsive नहीं mutually inclusive हैं। रस अनेक के संयोग से बनता है। संयोग एवं मिश्रण आवश्यक है। स्थायी-प्रधान, स्थायी

का मतलब स्थिर से है, Permanent से नहीं। शम स्थायी है—स्थिर है। स्थायी की परिकल्पना आर्ट, स्थेटिक्स और काव्य में ही है। किसी भाव के स्थायी होने का मतलब काव्य में किसी एक भाव के स्थिर रहने से है। भरत मुनि ने इसे स्वात्मभूता कहा है। संक्षेप में यह है भरत मुनि के रस की परिकल्पना।

रस चर्चा का दूसरा चरण नाट्यरस से काव्यरस तक

आज हम लोग रस चर्चा के विकास के दूसरे चरण को देखने का प्रयास करेंगे। अब तक के विचार से स्पष्ट है कि संस्कृत काव्यशास्त्र के इतिहास में शास्त्र के रूप में रस की चर्चा नाट्यशास्त्र में मौजूद है। दूसरी बात यह कि नाट्यशास्त्र में रस की चर्चा नाट्य रस के रूप में है। नाट्य रस के साथ-साथ ही नाट्यशास्त्र में काव्य अर्थ काव्यार्थों की भी चर्चा है। चौथा प्वाइंट यह कि नाट्य जिसका मूल सूत्र है—*विभावानुभावव्यभिचारिसंयोगाद्रस निष्पत्ति :* इससे रस का प्रयोग होना सिद्ध होता है और नाट्यशास्त्र के अनुसार अभी भी क्रिया के साथ संयुक्त है। *अर्थक्रियोपेत*-भरत मुनि के शब्द हैं। भरत मुनि जब अर्थ का प्रयोग करते हैं तो वह शब्द मात्र नहीं हैं। नाट्यशास्त्र का काव्यार्थ नाटक का एक भाग था। वह क्रियोपेत है—प्रयोग सिद्ध है। इसीलिए सम्पूर्ण नाट्यशास्त्र एक तरह से प्रयोग काव्य का शास्त्र है। पाँचवीं बात नाट्यशास्त्र में रस मुख्यत: आस्वाद्य के रूप में एवं गौणत: प्रेक्षक के आस्वाद के रूप में विवेचित हुआ है रस चर्चा के प्रसंग में।

चूँकि नाट्य ही वह गोमुख या गंगोत्री है एवं उसी से काव्यशास्त्र, अलंकारशास्त्र आदि विकसित हुए हैं, अतएव उसकी मान्यताओं का प्रभाव दिखाई पड़ता है। **भामह, वामन, रुद्रट, दंडी**—चारों अलंकारिकआचार्यों ने अपने प्रस्थान बिन्दु के रूप में नाट्य में निहित-सीमित काव्य को ग्रहण किया। किन्तु इन चारों के यहाँ स्थिति उलट गई। काव्य व्यापक शब्द हो गया एवं नाटक उसका एक अंग बन गया। उन्होंने नाटक को गौण बना दिया एवं काव्य को व्यापकता प्रदान की। उन्होंने काव्य के दो विभेद किए—दृश्य

एवं शब्द काव्य। दृश्य को छोड़ दिया। उस पर भरत मुनि कह चुके थे। शब्द काव्य के दो भेद किए—प्रबन्ध एवं मुक्तक, गद्य एवं पद्य। भेद तो किया किन्तु काव्य में गद्य नहीं पद्य पर ही विचार किया।

भरत मुनि के नाट्यशास्त्र का रेंज बहुत व्यापक है। धीरे-धीरे संकुचित होते हुए अपना (काव्यशास्त्र का) क्षेत्र मुक्तक पद्य तक सीमित हो गया।...अर्थात् हम अब शब्दार्थों के साहित्य की चर्चा करेंगे। क्रिया-प्रयोग-मंच आदि की चर्चा का हमारा कोई उद्देश्य नहीं है। मुनि रस, अलंकार आदि की चर्चा कर चुके थे एवं इसे शब्दार्थों की विशेषता बता चुके थे। नाट्यशास्त्र में अलंकार शब्द काव्य के साथ ही अन्य विभागों के लिए भी प्रयुक्त हुआ है—पाठ्यालंकार, नेपथ्यालंकार, नाट्यालंकार, प्रयोगालंकार आदि। किन्तु शब्दार्थों (काव्य) के लिए सौन्दर्यवाचक काव्यालंकार शब्द ही रूढ़ हो गया। अतएव कहा गया कि अलंकारशास्त्र ही काव्यशास्त्र है। काव्यशास्त्रियों की चिन्ता यह थी कि भरत मुनि ने नाट्य के सन्दर्भ में चर्चा की है, हमें शब्दार्थों के साहित्य में रस की चर्चा करनी चाहिए।

भामह : काव्य में रस नहीं रसवत

मुनि ने कहा कि नाटक का एक शरीर होता है। उन्होंने आत्मा की चर्चा तो नहीं की है, किन्तु, शरीर का उल्लेख अवश्य किया है। बिना शरीर के नाटक सम्भव नहीं है। मुनि ने कहा—इतिवृत्तं शरीरं। इतिवृत्त यानी कथावस्तु। कथावस्तु ही नाटक का शरीर है। इसका उल्लेख इस दृष्टि से आवश्यक है कि यदि काव्य में इतिवृत्त को शरीर मान लिया जाए तो यह प्रबन्ध तक ही सीमित हो जाएगा। इसलिए उन आचार्यों ने काव्य में एक सामान्य शरीर की खोज की। वह था—शब्दार्थ। शब्दार्थ वह न्यूनतम इकाई था जिसके बिना काव्य सम्भव नहीं है। भामह ने इसे 'शब्दार्थौ सहितौ काव्यम्' से अभिहित किया है।

अब शब्दार्थ यदि शरीर है, तो उसमें अलंकार होना चाहिए—अलंकार के रूप में सौन्दर्य की चर्चा की गई। इन आचार्यों ने शब्दार्थों के साहित्य (अर्थात् सहित भाव) में शरीर एवं शरीर के सौन्दर्य के रूप में अलंकार की चर्चा की। इन्होंने रस को भी अलंकार ही माना है। ध्यान देने की बात यह है कि भरत मुनि के रस को व्यापक मानते हुए इन्होंने कहा कि रस के इस

स्वरूप को काव्य में नहीं ढूँढ़ा जा सकता है। इन्होंने इस बात को स्वीकार किया कि रस नाटक में ही हो सकता है—यह काव्य में नहीं मिल सकता। जैसे ब्रह्मानन्द नहीं, ब्रह्मानन्द सहोदर अर्थात् उसी से मिलता-जुलता आनन्द। वैसे ही काव्य में रस नहीं रसवत् (रस जैसा) हो सकता है। रसवत् किसको कहेंगे—काव्य में ऐसी विशेषता जो हो, तो शब्दों में पर पढ़ने पर ऐसा लगे कि दृश्य स्पष्ट हो गए हैं—*रसवद्ददर्शितस्पष्टश्रृंगारादिरसम् यथा—भामह।* काव्यलंकार, 3/6। श्रृंगार आदि रस जहाँ स्पष्ट दर्शित हो वह काव्य रस-वत् है।

नाट्य रस प्रयोग है। काव्य में इसे नहीं प्रकट किया जा सकता है। भामह को यह बोध था। रस का काव्याश्रय सिद्ध नहीं किया जा सकता, इसलिए इसे अलंकार में रखा गया। अलंकारों के अन्तर्गत रस के साथ भाव भी शामिल किए गए। रसवत् के साथ प्रेयस्, ऊर्जस्वी, समाहित अलंकार बनाए गए। अपने अलंकारशास्त्र में भामह तथा दंडी ने रस को अलंकार के रूप में ग्रहण किया। नाटक की भाँति रस सिद्धि की प्रक्रिया नहीं बताई। काव्य चर्चा जब स्वंतत्र होकर अपना अस्तित्व ग्रहण कर रही थी, उसी समय आचार्यों को यह बोध था। भामह और दंडी ने स्पष्ट किया कि—हम काव्य पर विचार करते हैं, काव्य का ही एक भेद नाटक है, हम उस पर विचार नहीं करते, अन्य ग्रन्थकर्ताओं ने यह कार्य किया है—*उक्तं तदभिनेयार्थमुक्तोन्यैस्तस्य विस्तारः*—भामह। *मिश्राणि नाटकादीनि तेषामन्यत्र विस्तारः* —दंडी। कहने का मतलब यह था कि भामह और दंडी को काव्य और नाटक का भेद ज्ञात था एवं उन्होंने रस को एक अलंकार के रूप में ग्रहण किया। नाटक में रस प्रयोग का एक विभाग था काव्यालंकार। काव्य में स्वतंत्र रूप से उसकी पुनर्व्यवस्था का प्रश्न सामने था।

वामन : रस भी एक अलंकार

वामन ने कहा कि सन्दर्भ ही रम्य होता है। सन्दर्भ का अर्थ यहाँ नाटक से है। वे नाटक को स्पष्ट तौर पर विशेष महत्त्व देते थे—*सन्दर्भेषु दशरूपकं श्रेयः।* नाटक में रस भलीभाँति होता है इसलिए वहाँ उसकी श्रेष्ठ स्थिति है। इसके साथ ही उन्हें यह बोध था कि प्रबन्धों में भी रस होता है। अलंकारिकों ने नाटक को सामने रखकर महाकाव्य की विशेषताएँ बताईं। भामह और दंडी

दोनों ने कहा—*सर्गबन्धो महाकाव्यम्*। महाकाव्य का नायक नाटक की तरह धीरोदात्त होना चाहिए। उसमें पाँच सन्धियाँ—पंचाभि: संधिभि: होनी चाहिए आदि। नाटक में रस चित्रपटवत होता है, इसलिए वहाँ श्रेष्ठ स्थिति है। काव्य का सौन्दर्य अलंकार में निहित है, इसलिए रस भी एक अलंकार है।

[वामन ने गुणों को विशद किया। उन्होंने ओज आदि गुणों की क्रम से विवेचना की। कान्ति गुण को विशेष महत्त्व देते हुए कहा—*दीप्तरसत्वं कान्ति:*। सौन्दर्य कुछ विशिष्ट वस्तु है यह संकेत वामन के यहाँ है, किन्तु उनका रस विवेचन एक ही शब्द में है। कान्ति गुण के कारण काव्य में दीप्तरसता आती है। इसके अभाव में पुराने चित्र के समान उदास हो जाता है। रस का सम्बन्ध गुण से जोड़ना वामन की विशेष दृष्टि का परिचायक है।...लगभग वामन के समय के ही आलंकारिक उद्‌भट हैं। उन्होंने नाट्यशास्त्र पर टीका लिखी, जो दुर्भाग्य से उपलब्ध नहीं है। भामह के काव्यालंकार पर 'काव्यालंकारसारसंग्रह' नाम से उनकी टीका उपलब्ध है। वे भामह की भाँति शृंगार आदि के स्पष्ट उदय में रस की स्थिति मानते हैं। उनके यहाँ रस-प्रक्रिया के पूर्व भाव के संकेत इस रूप में माने जा सकते हैं कि उन्होंने स्वशब्द, स्थायी, संचारी, विभाव तथा अभिनय के आश्रय से शृंगारादि रसों के स्पष्ट उदय की बात की गई है—

> *स्वशब्दस्थायिसंचारिविभावाभिनयास्पदम्। रसवद्‌दर्शितस्पष्टशृंगारा-*
> *दिरसोदयम्॥*

नाटक में रस विभाव आदि की संयुक्त अवस्था में है। उद्‌भट जब विभावादि की अलग-अलग स्थितियों में और साथ ही स्वशब्दत्व में रस की स्थिति मानते हैं तो लगता है कि उनकी दृष्टि में काव्य है। आगे चलकर आनन्दवर्द्धन और अभिनव गुप्त ने इसका खंडन किया। रसादिध्वनि के पूर्वपक्ष के रूप में उद्‌भट के विचारों को रखा जा सकता है।]

रुद्रट : काव्य में रस की सत्ता

इस दृष्टि से सबसे महत्त्वपूर्ण आलंकारिक रुद्रट हैं। वे पहले व्यक्ति हैं जिनके अलंकारशास्त्र में शब्दार्थ एवं रस दोनों परस्पर पूरक हुए। उन्होंने कहा काव्य को रस से युक्त होना ही चाहिए। जब वे काव्य कह रहे थे तो इसका आशय शब्दार्थ से ही था। *तस्मात् तत्कर्त्तव्यम् यत्नेन महीयसा रसैर्युक्तम्* कहकर

उन्होंने अलंकारशास्त्र को नया मोड़ दिया। शब्दार्थों में भी रस है और होना चाहिए। नमिसाधु ने रुद्रट के काव्यालंकार की व्याख्या करते हुए कहा, शब्दार्थ ही काव्य का शरीर है और वक्रोक्ति-स्वभावोक्ति आदि कटक-कुंडल हैं। (कटक बाहु का आभूषण) अलंकार गहने की तरह हैं। [काव्य सौन्दर्य के लिए अलंकार संज्ञा का सामान्य तौर पर प्रयोग होता रहा है। भामह ने वक्रोक्ति को सभी अलंकारों के मूल में स्वीकार किया। इसी आधार पर माना जाता है कि भामह यह मानते थे कि नाटक में रस के लिए जैसे अभिनय जरूरी है, वैसे ही काव्य में वक्रोक्ति। अलंकार के बाद गुण की चर्चा ने काव्य सौन्दर्य के पोषक/धारक तत्त्वों की विवेचना को सूक्ष्म रूप प्रदान किया। दंडी ने ही *काव्यशोभायाकर्तारो धर्म गुणाः* ...कहकर भेद स्पष्ट कर दिया था। वामन द्वारा कान्तिगुण एवं रसदीप्ति की चर्चा सौन्दर्य धारक तत्त्व की खोज और विभेदीकरण की अगली कड़ी है। बावजूद इसके इन अलंकारिकों की विवेचना में रस की चर्चा अस्फुट एवं द्वितीयक रूप में ही संकेतित है।]

अपनी टीका में नमिसाधु कहते हैं—

अथ अलंकारमध्ये एव रसः कि नोक्ताः ? उच्यते-काव्यस्य हि शब्दार्थो शरीरम् तस्य वक्रोक्तिवास्तवादय कटक कुण्डलादय इव कृत्रिमा अलंकाराः। रसास्तु सौन्दर्यादय इव सहजाः गुणाः इति भिन्नः तत्प्रकरणारंभः।

—नमिसाधु. रुद्रट. 12/2 पर टीका।

जिस तरह काव्य का असाधारण धर्म सौन्दर्य है, वैसे ही रस भी सहज है। अलंकार आदि तो गहने की तरह कृत्रिम है, काव्य का सहज धर्म रस है। इस विवेचन से स्पष्ट है कि अलंकार हो तो बहुत अच्छा है, किन्तु रस अलग चीज है, इसको तो होना ही चाहिए। सम्भवतः भामह एवं दंडी को भी अलंकार एवं रस के भेद का बोध था। इसीलिए उन्होंने रसालंकार नहीं रसवत् अलंकार कहा।

एक लम्बी यात्रा के पश्चात्-400 साल इस बात को तय करने में लगे कि जो रस नाटक में था वह काव्य में भी हो सकता है। रुद्रट तक यह बात स्पष्ट हो गई थी। पर समस्या बनी हुई थी। सिर्फ कहने से समस्या हल नहीं होती। शब्दार्थों के काव्य में रस होता तो है—पर कैसे, किस प्रकार होता है। ...वो बात सारे फसाने में जिसका जिक्र न था। वो बात उनको बहुत नागवार गुजरी है। अलंकार में तो दिखाना सम्भव था कि यहाँ अलंकार है। पर

रस को दिखाना? यह रुद्रट को स्पष्ट नहीं था। नाटक के सम्बन्ध में भरत मुनि ने रसोत्पत्ति की व्याख्या की थी। अब उसके काव्याश्रय का प्रश्न सामने था।

आनन्दवर्धन : काव्य निर्मित रस की ध्वन्यात्मक व्यंजना

इस चुनौती का जवाब उनके पचास साल के बाद पहली बार प्रस्तुत किया आनन्दवर्द्धन ने। उनके सामने सबसे बड़ी चुनौती यह गुत्थी थी कि काव्य में रस कैसे हो सकता है? अलंकार में रस हो नहीं सकता था। अभिधा एवं लक्षणा द्वारा अलंकार तो हो सकता है। उपमा एवं रूपक से भी चमत्कार सम्भव था, रस नहीं। आनन्दवर्द्धन ने कहा, शब्दार्थों से रस ध्वनित होता है—व्यंजित होता है। भरत के बाद पहले व्यक्ति जिन्होंने नाटक के बाहर शब्द द्वारा निर्मित काव्य में रस की स्थापना की एवं इसके लिए उन्होंने ध्वनि का सहारा लिया। इस प्रकार काव्य में भरत के प्रसिद्ध रस की स्थापना हुई—*एतच्च रसादितात्पर्येण काव्यनिबंधन भरतादावपि सुप्रसिद्धमेव।* इसके उदाहरण द्रष्टव्य हैं—

भम धम्मिअ बीसत्यो सो सुनओ अज्ज मारिओ देण।
गोलाणइ कच्छकुडंगवासिणा दरिअ सीहेण॥

(हे धार्मिक! तुम निश्चिन्त होकर घूमो, क्योंकि जिस कुत्ते से तुम डरते थे उसे गोदावरी के कुञ्ज में रहने वाले बाघ ने आज ही मार डाला है।)

है तो यह प्राकृत का मुक्तक मगर इसमें पूरा विभाव मौजूद है। यहाँ कुल मिलाकर जो अकथित है, वही प्रधान है! किसी स्त्री के प्रेम, मिलन आदि में बाधा बने बाबाजी से वह कहती है कि अब आप निश्चिन्त होकर घूमिए। कोई बात नहीं है जिस कुत्ते से आप डरते थे, वह बाधा दूर हो गई है। उसे बाघ ने मार डाला है। ध्वनि यह है कि अब और बड़ी बाधा आ गई है। [ये जो धार्मिक होते हैं हमेशा फूल-पत्ती तोड़ते रहते हैं।] 'जोरू न जाँता अल्ला मियाँ से नाता' वाले बाबाजी जो कुत्ते से डरते थे, बाघ के भय से इधर पैर नहीं रखेंगे। यहाँ यह व्यंजित है, ध्वनित है। वाच्यार्थ या कथित तो विधि का है, परन्तु ध्वनि Suggested meaning निषेध की है।

रत्नाकर के उद्धव-शतक का प्रसंग है—

नैकु कही बैननि, अनेक कही नैननि सौं।
रही-सही सोऊ कही दीनी हिचकीनि सौं॥

विरह–व्यथा कहकर बताने वाली चीज नहीं है। आनन्दवर्द्धन ने कहा कि शब्दार्थों के साहित्य में यदि अभिनय न किया जाए तो परिकल्पना से रस की व्यंजना होती है। रस की प्रतिष्ठा करते हुए उन्होंने कहा कि यह व्यंजित होता है। इसके लिए उन्होंने व्यंग्य शब्द का प्रयोग किया। महाकवियों की वाणी इसी व्यंग्यार्थ के द्वारा अपनी 'अलोकसामान्य' अभिव्यक्ति द्वारा रस को प्रतिष्ठित करती है। क्रौञ्च द्वन्द्व के वियोग से उठा हुआ शोक श्लोक हो गया! शोक भाव है, वह श्लोक अर्थात् काव्य रूप रस में बदल गया। *शोकः श्लोकत्वमागतः*। शोक जो करुण रस का स्थायी है श्लोक अवस्था अर्थात् करुण रस से युक्त काव्य में परिणत हो गया।... शोक जब तक शोक है तब तक भाव है, वह रस नहीं है। [अब प्रश्न काव्यशरीर का न होकर काव्यात्मा का था। ध्वनि के माध्यम से व्यंग्यार्थ द्वारा रस के रूप में प्रतीयमान अर्थ की प्रतिष्ठा करते हुए आनन्दवर्द्धन ने बताया है कि आदिकवि वाल्मीकि के काव्य में क्रौञ्च वियोग के प्रसंग में वही प्रतीयमान रस काव्यता के रूप में प्रतिष्ठित है— *काव्यस्यात्मा स एवार्थस्तथा चादिकवेः पुरा।* यहाँ मुख्य वस्तु रस है। अभिनव गुप्त ने इस प्रसंग की व्याख्या करते हुए कहा है कि आनन्दवर्द्धन यहाँ इतिहास के माध्यम से ध्वनि का काव्यात्मत्व दिखा रहे हैं। ध्वनि के तीन रूपों—वस्तु, अलंकार और रस में वस्तुतः रस की काव्यात्मा है। क्रौञ्च द्वन्द्व के प्रसंग में अभिनव गुप्त ने कहा—चर्वणा के योग्य शोक रूप स्थायी भाव वाले करुण रस से प्रवाहित होने के स्वभाव के कारण वही काव्य का आत्मा अर्थात् सारभूत स्वभाव एवं दूसरे शब्दबोध के वैलक्षण्य कराने वाला है। शब्दबोध की विलक्षणता है—वाच्यार्थ से भिन्न व्यंग्यार्थ। यह विलक्षणता चित्तवृत्ति का व्यञ्जक है। यहाँ शब्द के संकेत अर्थ की अपेक्षा महत्त्वपूर्ण नहीं हैं। जैसे जल से भरा घड़ा छलकता है, वैसे ही चित्तवृत्ति भी। मुनि के यहाँ स्वाभाविक रूप से आवेश के कारण समुचित छन्द, वृत्त आदि से नियंत्रित 'श्लोक' की अवस्था प्राप्त हुई— *करुण–रसरूपतां लौकिकशोकव्यतिरिक्तां स्वचितद्रुतिसमास्वाद्यसारां प्रतिपन्नो रसपरिपूर्ण कुम्भोच्चलनवच्चित्तवृत्तिः निष्यन्दस्वभाववाग्विलापादिवच्च समयानपेक्षत्वेपि चित्तवृत्तिव्यञ्जकत्वादिति...श्लोकरूपतां प्राप्तः*]

एक और उदाहरण 'कुमारसम्भव' का—

एवंवादिनि देवर्षौ पार्श्वे पितुरधोमुखी।
लीलाकमलपत्राणि गणयामास पार्वती॥

शिवजी की ओर से पार्वती के पिता हिमालय के पास विवाह का प्रस्ताव लेकर पहुँचे हुए सप्तर्षि जब हिमालय से बात कर रहे थे, तब पार्वती पिता के पास ही खड़ी थीं। कालिदास ने इस प्रसंग का वर्णन करते हुए कहा कि अंगिरा के इस प्रकार कहने पर पिता ने निकट खड़ी पार्वती सिर झुकाकर कमल की पंखुड़ियाँ गिनने लगीं। कमल-पत्रों को गिनने का अर्थ कहा नहीं गया है। अपने मन का आनन्द दूसरों के ध्यान में न आने पावें, इसलिए पार्वती ने कमल-पत्रों को गिनना आरम्भ किया। यहाँ संचारी भाव लज्जा है जो अभिव्यक्त हो रहा है। इस प्रकार रस को व्यंजित-ध्वनित माना गया, क्योंकि यह अकथित अवाच्य है।

भरत ने कहा था कि रस क्रिया में होता है। नाटक सफल कैसे हो, रस निष्पन्न कैसे हो—यह कहते नहीं करके दिखाते हैं। क्रियाकल्प के रूप में नाट्यशास्त्र का निर्देश होता है। आनन्दवर्द्धन ने भी कहा, रस कहा नहीं जाता, व्यंजित होता है। व्यंग्यतः शब्द का प्रयोग किया। भरत के यहाँ जोर इस पर नहीं है कि रस कैसा होता है, अपितु ध्यान इस पर है कि रस कैसे होता है। प्रयोग पर ध्यान है। प्रयोग प्रधान शास्त्र है। आनन्दवर्द्धन ने भी यह नहीं बताया कि रस कैसा होता है, बल्कि यह दिखाया कि रस कैसे होता है। भरत ने कहा था कि रस की सिद्धि मंच पर आस्वाद रूप में एवं सहृदयों में आस्वाद्य रूप में होती है। 'लोचन' में अभिनव गुप्त ने इस चीज को खोजा कि काव्य में रस ध्वनित तो होता है, पर कहाँ—सहृदय के हृदय में। आनन्दवर्द्धन ने उदाहरण प्रबन्ध काव्यों—रामायण, महाभारत कालिदास आदि से दिए। इसके साथ ही उन्होंने मुक्तकों—अमरुशतक, गाहा सतसई से भी दिए।

आनन्दवर्द्धन के ध्वन्यालोक में जो रस ध्वनित होता है वह काव्य, कवि एवं सहृदय तीनों में मौजूद रहता है। यदि कवि शृंगारी है तो सारा संसार रसमय होता है। अर्थात् रस कवि में होता है, फिर काव्य और सहृदय में भी होता है। रस चर्चा का चरम विकास अभिनव गुप्त के यहाँ मिलता है। अभिनव गुप्त ने विभावानुभाव के द्वारा रस उत्पत्ति की जो व्याख्या की वह रस चर्चा का शिखर है। जब काव्य में रस की प्रतिष्ठा हो गई तो इसके स्वरूप की खोज की जाने लगी—सुखात्मक है कि दुखात्मक या सुखदुखात्मक होता है रस? भरत एवं आनन्दवर्द्धन की चिन्ता रसोत्पत्ति की थी, जबकि

अभिनव गुप्त की चिन्ता इसके स्वरूप को लेकर थी। रस को उन्होंने Subjective अन्तर्मुखी बनाया। इस प्रकार भरत मुनि का नाट्यरस आनन्दवर्द्धन के यहाँ काव्य रस बना एवं इसके लिए ध्वनि की उत्पत्ति की गई। अभिनव ने भी कहा—*नाट्यायमान एव रसः काव्यार्थः*। किन्तु अभिनव गुप्त से रस दर्शन की ओर मुड़ गया।

अभिनव गुप्त : सृजनशीलता में स्वतंत्रता की स्थापना

*['अभिनव गुप्त' की क्लास मेरे क्लास नोट्स का अन्तिम अध्याय है। गुरुवर संस्कृत काव्य शास्त्र का सुमेरु अभिनव गुप्त को मानते हैं एवं सम्भवतः इसी कारण उन्होंने इसे सबसे अन्त के लिए सुरक्षित रखा। यद्यपि 'अभिनव गुप्त पादाचार्य' (गुरुवर उन्हें पूरे नाम से आदरपूर्वक सम्बोधित करते) का उल्लेख कई प्रसंगों में पहले भी आया था, अन्तिम प्रसंग 'नाटक' की व्याख्या करते हुए आया है। इस क्लास के प्रारम्भिक पाँच मिनट सम्भवतः अनुपस्थित रहने के कारण नोट नहीं कर पाया। 'जस का तस' देने की अपनी प्रतिबद्धता के कारण वहीं से प्रारम्भ कर रहा हूँ जहाँ से नोट्स उपलब्ध है।]

आचार्य ने गीता पर टीका लिखी और दर्शन का भी ग्रन्थ लिखा। शैवाद्वैत जैसे अद्भुत सिद्धान्त के वे सबसे प्रामाणिक आचार्य माने गए। शैवाद्वैत की स्थापना उन्होंने की। यह स्थापना शंकर के अद्वैतवाद से अलग थी क्योंकि इसमें जगत माया नहीं है। इस प्रकार अद्वैत की भूमिका पर होते हुए भी यह अद्वैत से अलग था। एक और बात में वे शंकर से अलग थे। योगी के साथ रसिक भी थे। डॉ. कान्तिचन्द्र पांडेय ने अभिनवगुप्त के शिष्य मधुराज योगी के ध्यानश्लोकों के आधार पर उनका चित्र खीचा है—चित्र से प्रतीत होता है कि वे चिरकुट योगी नहीं थे। चित्र में वे स्वर्णपीठ पर विराजमान है। योगिनियों का दल वाद्य बजाता हुआ—नृत्य करता हुआ—साथ में अखिल शिष्य वर्ग। देखकर अद्भुत लगता है—

द्राक्षारामस्य मध्ये स्फटिकमणिमये मण्डपे चित्ररम्ये
पुष्पस्रग्धूपदीपैर्वहलपरिमले चर्चिते चन्दनाद्यैः।
वाद्यैर्गीतैः सनृत्यैः सततमुखरिते योगिनीसिद्धसंघै-
राकीर्णे स्वर्णपीठे मृदुतलिमतले बद्धमुक्तावितानेे॥

आसीनः क्षेमराजप्रभृतिभिरखिलैः सेवितः शिष्यवर्गैः
पादोपान्ते निषण्णैरवहितहृदयैरुक्तमुक्तं लिखद्भिः।
द्वाभ्यां पार्श्वस्थिताभ्यां शिवरसकरं पूर्णताम्बूलपेटीं
दूतीभ्यां बिभृतीभ्यामपरकरलसन्मातुलिङ्गोत्पलाभ्याम्॥

अभिनव गुप्त का समय 950 ई. से 1030 ई. के मध्य माना जाता है— यद्यपि ठीक-ठीक जन्म-मृत्यु तिथि मालूम नहीं है। माना जाता है कि श्रीनगर से थोड़ी दूर भरवां नामक ग्राम उनकी जन्मस्थली है। किंवदन्ती है कि अपने 1200 शिष्यों के साथ उन्होंने गुहा-प्रवेश किया था। भैरव गुहा से वे वापस नहीं लौटे।

काव्य शास्त्र के सुमेरु थे अभिनव गुप्त। सहृदयता की जो परम्परा कुन्तक से प्रारम्भ हुई थी उसे चरमोत्कर्ष तक पहुँचाने का श्रेय इन्हें है। काव्य की रसज्ञता एवं चिन्तन का मणिकांचन योग उनके यहाँ मिलता है। उन्होंने इन्दुराज से ध्वन्यालोक पढ़ा था और 'तौत' से नाट्यशास्त्र। इन ग्रन्थों की उनकी टीका काव्यशास्त्र में उनका विशिष्ट योगदान है। संस्कृत काव्य शास्त्र की परम्परा में 'टीका' एक विलक्षण चीज थी। टीका ग्रन्थ की व्याख्या मात्र नहीं होती बल्कि टीका द्वारा टीकाकार उसे अपना शास्त्र बना लेता था। टीका का अर्थ हस्तगत करना था। आचार्य ने भरत मुनि के भावानुकीर्त्तण की व्याख्या द्वारा जो अर्थ स्पष्ट किया है वह इसका एक उत्कृष्ट उदाहरण है। यह भरत के यहाँ पहले अध्याय की 107वीं कारिका में आता है—

'नैकान्ततोऽत्र' भवतां देवानां चानुभावनम।
त्रैलोक्यस्यास्य सर्वस्य नाटयं नाट्यंभावानुकीर्त्तनम्॥

अर्थात यह नाटक न केवल आप लोगों अर्थात् दैत्यों या देवताओं का चित्रण करता है। अपितु इसमें त्रैलोक्य (स्वर्ग-मृत्यु एवं पाताल) के भावों का अनुकीर्त्तन है।

आचार्य ने भावानुकीर्त्तण की व्याख्या करते हुए स्पष्ट किया कि भरत मुनि का इससे आशय क्या था? पहले अनुभावन को लें। आचार्य विशेश्वर ने इसे प्रदर्शन कहा। यहाँ होना। अनुभावन का अर्थ है repersentation–अनुकरण। नाटक में दैत्यों को हू-ब-हू वही लग रहा था जो पहले हुआ था। आचार्य ने कहा कि अनुकीर्त्तन इससे भिन्न है। अनुकीर्त्तन पुनर्गायन

अथवा पुनर्कथन। कहना—narration। फिर कहना re-narration या re-telling। अभिनव गुप्त ने कहा कि अनुकरण तो रूप का हो सकता है। भाव कोई स्थूल आकार तो है नहीं। रूप एक स्थूल आकार है जबकि भाव उसका आशय है। अतएव भाव का अनुकरण सम्भव नहीं है, अनुकीर्त्तन ही सम्भव है।

भावानुकीर्त्तन की व्याख्या द्वारा अभिनव गुप्त ने जो अर्थ स्पष्ट किया उससे उनकी चिन्तन परम्परा, ज्ञान, बुद्धि, सहृदयता तथा भारतीय मनीषा व चिन्तन परम्परा के वृहत्तर स्वरूप का पता चलता है। पूरी यूरोपीय दर्शन परम्परा में अनुकरण के लिए दो ही शब्द मिलते हैं। अभिनव गुप्त ने कहा कि अनुकरण एक लौकिक प्रतीति है जिसमें एक तत्त्व है एवं नौ उनके मिथ्या रूप। वे दस रूप इस प्रकार हैं—

1. तत्त्व—ज्यों का त्यों।

2. सादृश्य—इसका अर्थ है जुड़वाँ—बहुत मिलते-जुलते। जैसे आप वैसे आपका जुड़वाँ भाई।

3. भ्रान्ति—होने का भ्रम होना। है नहीं पर लगता है कि है। सीपी में चाँदी की भ्रान्ति। याद के कारण।

4. आरोप—सत्यज्ञान बाधित होने से एक पदार्थ में अन्य पदार्थ का अभेद ज्ञान या तादात्म्य प्रतीति।

5. अध्यवसाय—यह भी आरोप ही है किन्तु यहाँ उपमेय उपमान में लीन हो जाता है। गौर्वाहीक अर्थात वाह्लिक के निवासी मूर्ख होते हैं।

6. उत्प्रेक्षा—सम्भावना—स्याद्—यहाँ सम्भावना है—जरूरी नहीं कि वैसा हो—चन्द्रमुखवत

7. प्रतिकृति—जैसे चित्र देखकर हमें भ्रम होता है कि असली है।

8. अनुकार—नकल उतारना। जैसे गुरु के न होने पर आप शिष्य लोग नकल उतारते हैं।

9. इन्द्रजाल—तात्कालिक निर्माण—तुरन्त बनाकर दिखा देना—दिग्भ्रम आँखों को धोखे में डालकर।

10. तदाभाष— हाथ की सफाई। किसी वस्तु को होशियारी से नकल बना लेना। इन्द्रजाल एवं तदाभाष में थोड़ा अन्तर है।

आचार्य ने नाटक के स्वरूप की व्याख्या करते हुए सवाल किया कि

इसे real माना जाए या भ्रान्ति। उन्होंने कहा कि नाटक लौकिक प्रतीति से भिन्न है। व्याख्या करते हुए उन्होंने बताया कि नाटक अनुकरण नहीं है क्योंकि उपरोक्त वर्णित दस बातों में से यह कुछ भी नहीं है। इसलिए यह अनुभावन नहीं है बल्कि अनुव्यवसाय विशेष है। अनुव्यवसाय—'न्याय' दर्शन का शब्द है। यह एक विशेष प्रकार का ज्ञान है—recognisation—उसी प्रकार का शब्द जैसे अभिज्ञान। उन्होंने कहा कि किसी चीज को हम दो रूपों में जानते हैं। विशेष एवं सामान्य। व्यक्ति एवं जाति रूप में। individual and specific। किस ज्ञान को हम सही ज्ञान कहेंगे। व्यक्ति या जाति के। बौद्ध लोग मानते हैं कि व्यक्ति का ज्ञान ही सही होता है। राम नाम के तो हजारों लोग हैं परन्तु 'अर्थक्रियाकारित्व' व्यक्ति विशेष में ही होता है। स्वलक्षण में होता है। परन्तु किसी व्यक्ति का अनुकरण असम्भव है। हो ही नहीं सकता। इसलिए नाटक अनुकरण नहीं हो सकता। आचार्य ने कहा कि यदि किसी प्रकार अनुकरण कर भी दिया जाए तो वह उस नितान्त व्यक्ति विशेष का अनुकरण होगा एवं इससे उदासीनता आएगी—रसानुभूति नहीं होगी—भले सहानुभूति या विरोध हो।

इसलिए आचार्य ने कहा कि नाटक में 'अनुव्यवसाय' होता है जिसमें व्यक्ति नहीं भाव का अनुकरण होता है। रूप स्थूल है—भाव अमूर्त। नाटक में जो चरित्र होता है वह साधारणीकृत होता है क्योंकि ठीक-ठीक हू-ब-हू पूरा उसी तरह का आदमी नहीं मिल सकता। अतएव नाटक में चरित्र एवं कथा का साधारणीकरण किया जाता है।

कथा का भी साधारणीकरण होता है। अभिज्ञान शाकुन्तलम् की कथा कालिदास द्वारा किया गया साधारणीकरण है। शाकुन्तलम् की कथा पूर्व काल में भी थी। दुष्यन्त एवं शकुन्तला के बीच आपस का मामला था। इससे नाटक क्या खेला जाता। इसलिए महाकवि ने कथा का साधारणीकरण किया तब यह नाटक बना। जिसमें यह दुष्यन्त एवं शकुन्तला का आपसी झगड़ा नहीं शाश्वत प्रेम की कथा बन गई। शकुन्तला इस साधारणीकरण के द्वारा स्त्री जाति का प्रतीक बन गई।

'अनुव्यवसाय' की मान्यता के माध्मय से अभिनव गुप्त ने सृजनशीलता का सिद्धान्त प्रस्तुत करते हुए एक साथ तीन व्यक्तियों की स्वतंत्रता के द्वार खोल दिए। अभिनव गुप्त ने कहा कि भरत मुनि ने कवि को स्वतंत्र माना है। अनुभावन

में तो कवि खूँटे से बँधा होगा स्वतंत्र नहीं। इसलिए कवि स्वतंत्र है तो नाटक अनुभावन मात्र नहीं होगा—वह अनुकीर्त्तन होगा—अनुव्यवसाय होगा।

चूँकि नाटक अनुभावन नहीं है तो नट भी स्वतंत्र है। वह अपनी प्रस्तुति/पद्धति के लिए खूँटे से बँधा नहीं है।

साथ ही साथ दर्शक भी स्वतंत्र है कि वह इस साधारणीकरण को अपने तौर पर ग्रहण करे।

इस प्रकार सृजनशीलता के इस सिद्धान्त में लेखन-प्रदर्शन एवं ग्रहण तीनों को स्वतंत्रता मिली जो अनुकरण की व्यक्तिबद्धता में सम्भव नहीं थी। अनुकरण या नकल उतारना भाँडों का काम है। नट भाँड नहीं है। वह स्वतंत्र है अपनी creativity के लिए। नकल उतारने से केवल हास्य रस ही पैदा हो सकता है। यदि सभी रसों की सृष्टि करनी है तो भावानुकीर्त्तन से ही सम्भव है। निष्कर्ष रूप में उन्होंने कहा कि अपनी इस विशेषता के कारण नाटक अलौकिक है।

अलौकिक ठेठ भारतीय शब्द है। अलौकिक एवं पारलौकिक दो भिन्न शब्द हैं। अलौकिक मतलब जो लौकिक होते हुए भी एकदम लौकिक नहीं हैं। नाटक का अभिनय लोक के आधार पर ही होता है, यह लोकव्यवहार से ही गृहित है, परन्तु creative होने के कारण यह unique है, अलौकिक है। यह सृजनशीलता का वह सिद्धान्त था जिसे अभिनव गुप्त ने व्याख्यायित किया। हर creation एकदम unique होता है। निराला 'राम की शक्ति पूजा' दुबारा नहीं लिख सकते थे। इसका अनुकरण सम्भव नहीं था। रसखान ने कहा कि सबका अनुकरण सम्भव है, लेकिन अधरों पर मुरली रखे श्रीकृष्ण की त्रिभंगी भंगिमा की नकल नहीं हो सकती—

भावतो सोई मेरो रसखान तेरे कहै सब स्वाँग करौंगी।
या मुरली मरलीधर की अधरान-धरी अधरा न धरौंगी।

अलौकिक का दूसरा पहलू उसका अद्वितीय रूप है। कालिदास ने अपने नायक के मुख से नायिका के लिए कहवाया—तुम्हारा यह रूप इकट्ठा कहीं नहीं मिलता (किसी की नाक सुन्दर-किसी के कान) अतएवं तुम अद्वितीय हो।

श्यामास्वङ्गं चकितहरिणीप्रेक्षणे दृष्टिपातं
वक्त्रछायां शशिनि शिखिनां बर्हभारेषु केशान्।

उत्पश्यामि प्रतनुषु नदीवीचिषु भ्रूविलासान्
हंतैकस्मिन्वक्वंचिदपि न ते चण्डि सादृश्यमस्ति ॥—उत्तरमेघ, 46

नाटक के साधारणीकरण के कारण एकत्र यदि आप ढूँढ़ना चाहें तो पात्र की वह बात आपको लोक में किसी व्यक्ति विशेष में नहीं मिल सकती। इसलिए नाटक अलौकिक है। इससे सृजित होने वाला रस अलौकिक है। अपनी सम्पूर्ण भंगिमा में वह एक बार मंच पर सृजित होता है, एक बार दर्शक को प्राप्त होता है।

भावानुकीर्तन की इस व्याख्या से अभिनव गुप्त ने रस को अलौकिक बना दिया एवं तमाम विवादों का अन्त करके रस की सर्वोच्चता स्थापित कर दी।

(भरत मुनि से लेकर अभिनव गुप्त पादाचार्य तक रस की इस विकास यात्रा के साथ ही संस्कृत काव्यशास्त्र के गुरुवर के क्लास की यात्रा समाप्त होती है। उनके व्यक्तित्व एवं कृतित्व की इस अलौकिक यात्रा के पन्ने हमारी जीवन-यात्रा का एक अविस्मरणीय क्षण है जो इतने सालों के बाद भी दिमाग में उस तरह तरोताजा है जैसे कल की ही बात हो।)

परिशिष्ट

नामवर जी के हस्तलिखित नोट

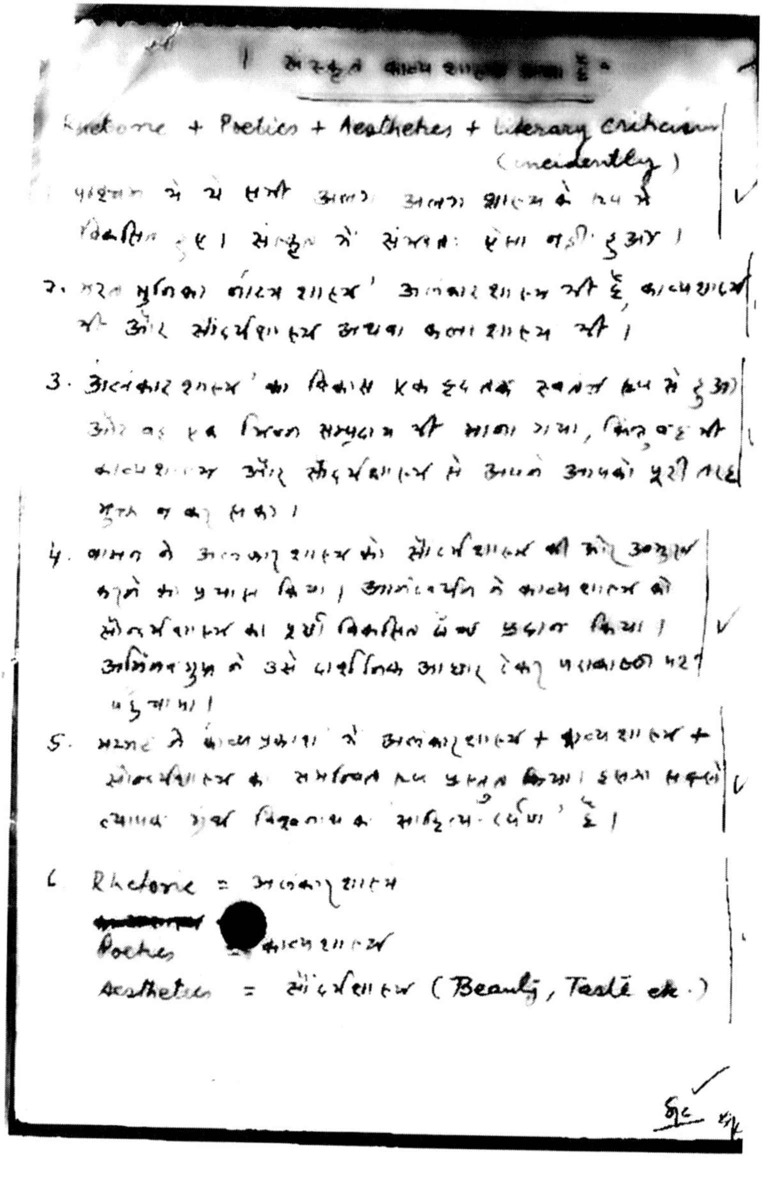

1 संस्कृत काव्यशास्त्र क्या है ?

Rhetoric + Poetics + Aesthetics + Literary Criticism
(incidently)

1. पश्चिम में ये सभी अलग-अलग शास्त्र के रूप में विकसित हुए। संस्कृत में संभवतः ऐसा नहीं हुआ।

2. भरत मुनि का 'नाट्यशास्त्र' अलंकारशास्त्र भी है, काव्यशास्त्र भी और सौंदर्यशास्त्र अथवा कलाशास्त्र भी।

3. अलंकारशास्त्र का विकास एक हद तक स्वतंत्र रूप से हुआ और वह एक भिन्न सम्प्रदाय भी माना गया, किन्तु वह भी काव्यशास्त्र और सौंदर्यशास्त्र से अपने आपको पूरी तरह मुक्त न कर सका।

4. वामन ने अलंकारशास्त्र को सौंदर्यशास्त्र की ओर उन्मुख करने का प्रयास किया। आनंदवर्धन ने काव्यशास्त्र को सौंदर्यशास्त्र का पूर्ण विकसित रूप प्रदान किया। अभिनवगुप्त ने उसे दार्शनिक आधार देकर पराकाष्ठा पर पहुँचाया।

5. मम्मट ने काव्यप्रकाश में अलंकारशास्त्र + काव्यशास्त्र + सौंदर्यशास्त्र का समन्वित रूप प्रस्तुत किया। इसका सबसे व्यापक ग्रंथ विश्वनाथ का 'साहित्यदर्पण' है।

6. Rhetoric = अलंकारशास्त्र
Poetics = काव्यशास्त्र
Aesthetics = सौंदर्यशास्त्र (Beauty, Taste etc.)

Poetics [illegible] क्या है

[illegible]

Langue और parole [illegible]

Competence और performance [illegible] ।

2. Roland Barthes: The task of the critic working on poetics is to reconstruct not the work's message but only its system, just as the linguist's task is not to decipher the meaning of a sentence but to identify the formal structures which make it possible for this meaning to be transmitted.

3. T. S. Eliot: literatures of individual nations are not "collections of the writings of individuals but organic wholes, systems in relations to which and only in relation to which individual works of literary art, the works of individual artists, have their significance."

4. Knowledge of the system enables us to make discriminations, determines the assumptions with which we approach a new work and prescribes what will count pertinent and original. — Ref. Culler

5. It need not be normative, as we see in Aristotle. To formulate a rule is simply to say that deviation will be noticed.

6. A better way of approaching the literary system would be to ask what is literary competence if we are to ~~are~~ to read and interpret literary works with some degree of competence?

[illegible]

[illegible]

1. भरत नाट्यशास्त्र	5th C B C - 3rd C A D
2. भामह / दण्डी	7th - 8th century
3 वामन	8th - 9th century
4. ~~[illegible]~~ आनन्दवर्धन	9th century
5. नाट्यशास्त्र के व्याख्याता	
लोल्लट / शंकुक	9th C
भट्टनायक	9th C - 10th C
6 अभिनव गुप्त	10th - 11th C
7 कुन्तक	10th 11th C
8. राजशेखर / धनंजय	10th C
9. मम्मट / महिम भट्ट	11th C
10. विश्वनाथ	14th
11 जगन्नाथ	17th C

क्लास टेस्ट

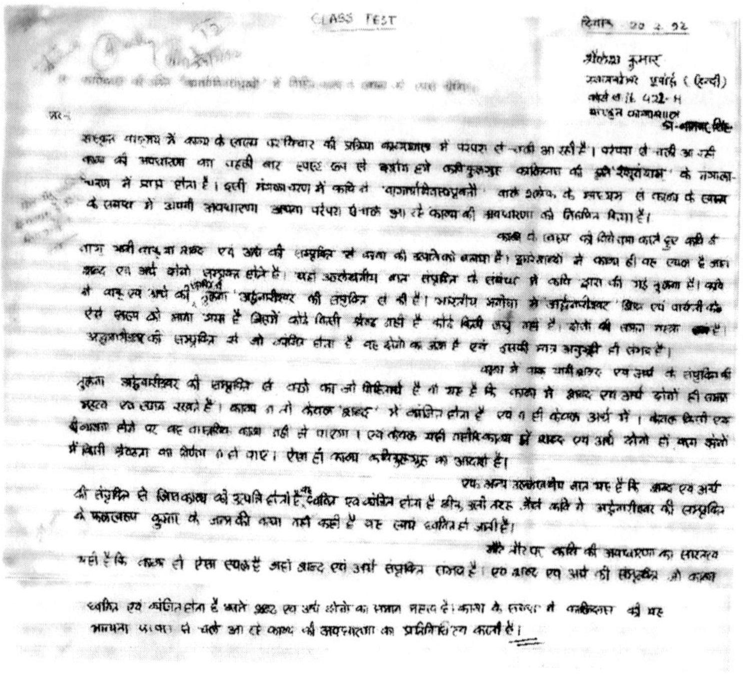
CLASS TEST

टर्म पेपर

IL - 422H - संस्कृत काव्यशास्त्र

कुन्तक : एक व्यवहारिक समीक्षक / आलोचक

प्रो॰ नामवर सिंह

(A)
15/4/92

शैलेन्द्र कुमार
स्नातकोत्तर - हिन्दी
(पूर्वार्द्ध)

संदर्भ ग्रंथ

- वक्रोक्तिजीवितम् – सम्पा॰ - के॰ कृष्णमूर्ति
- वक्रोक्तिजीवितम् – व्याख्याकार - राधेश्याम मिश्र.

शैलेश कुमार
स्नातकोत्तर - हिन्दी - द्वितीय
(संस्कृत काव्यशास्त्र)

अपने एकमात्र उपलब्ध ग्रंथ 'वक्रोक्तिजीवितम्' के माध्यम से संस्कृत काव्यशास्त्र के आचार्य कुन्तक हमारे सामने दो रूपों में उपस्थित होते हैं। एक तो सिद्धांतकार के रूप में दूसरे व्यावहारिक समीक्षक के रूप में। सिद्धांतकार के रूप में जहाँ वे अपने मौलिक चिंतन के लिए - काव्य पर कवि मुख से विचार करने वाले एवं काव्य को अखंड एवं अविभाज्य मानते हुए 'वक्रोक्ति सिद्धांत' के संस्थापक आचार्य माने जाते हैं वहीं एक व्यावहारिक समीक्षक के रूप में उन्होंने काव्य के प्रति गहरी संवेदनशीलता, रसज्ञता, मर्मज्ञता दिखाई है एवं तुलनात्मक, सूक्ष्म एवं गुण-दोषों का समभाव विश्लेषण करते हुए अद्भुत सहृदयता का भी प्रमाण दिया है। प्रस्तुत आलेख में 'व्यावहारिक समीक्षक के रूप में' कुन्तक के इसी दूसरे रूप के कुछ पहलुओं पर प्रकाश डालने का प्रयास किया गया है।

'एक व्यावहारिक समीक्षक के रूप में कुन्तक' की विवेचना से पूर्व संस्कृत काव्यशास्त्र में इसकी परंपरा पर संक्षेप में विचार करना आवश्यक है। आस्वाद पक्ष से साहित्य पर विचार करने की प्रक्रिया प्रायः सभी प्रमुख भाषाओं की साहित्यिक परंपरा में विद्यमान है। अंग्रेजी साहित्य में इस परंपरा के लिए मान्य शब्द 'Common Reader' है एवं डॉ. जानसन से लेकर वर्जीनिया वुल्फ तक एक परंपरा वहाँ विद्यमान है। इसी प्रकार फ्रेंच साहित्य में इसके लिए मान्य शब्द 'Ideal reader' है। संस्कृत काव्यशास्त्र में यह परंपरा पाश्चात्य साहित्य की परंपरा से बहुत पहले से ही विद्यमान थी एवं इसके लिए सर्वाधिक मान्य शब्द 'सहृदय' है। इसके लिए अन्य प्रचलित शब्द भावक, रसिक, विदग्ध, मर्मज्ञ आदि हैं।

'व्यावहारिक समीक्षा' जो कि आधुनिक आलोचना का आभास देती है संस्कृत काव्यशास्त्र में आनन्दवर्धन एवं कुन्तक में ही मुख्य रूप में मिलती है। कुन्तक के वरिष्ठ समकालीन आनन्दवर्धन (1000ई.) ने सहृदय पक्ष की दृष्टि से काव्य पर विचार किया था एवं उनके सुप्रसिद्ध ग्रंथ 'ध्वन्यालोक' का आरंभिक नाम भी 'सहृदयालोक' ही था। उनके पश्चात् कुन्तक ने इस पक्ष पर गहराई से विचार किया। यहाँ एक बात का उल्लेख कर देना आवश्यक है कि आनन्दवर्धन अथवा कुन्तक ने कहीं अलग से सहृदय पक्ष पर स्वतंत्र रूप से विचार नहीं किया है। उनका यह रूप (व्यावहारिक समीक्षक) उदाहरणों के माध्यम से किए गए काव्य विश्लेषण के क्रम में ही प्रकट हुआ है। काव्य के उदाहरणों को स्पष्ट करने के क्रम में काव्य का जो सूक्ष्म विश्लेषण इन आचार्यों ने प्रस्तुत किया है उससे ही उनके सहृदय रूप का ज्ञान प्राप्त होता है।

व्यावहारिक समीक्षक के रूप में कुन्तक

इसलिए सार्थक है क्योंकि यक्षिणी का पति उसके साथ नहीं है एवं वह विरह का दुख सहन करने में असमर्थ है। कहने का तात्पर्य यह है कि कुन्तक ने अपने विश्लेषण से एक-एक शब्द की सार्थकता एवं औचित्य पर विचार किया है। यह सूक्ष्म विश्लेषण 'व्यावहारिक समीक्षा' का ही सूचक है।

कुन्तक के सहृदय पक्ष का एक अन्य रूप कालिदास की ही कृति 'कुमारसंभवम्' पर विचार करते समय प्रकट होता है। संस्कृत काव्यशास्त्र में कुन्तक ऐसे पहले आचार्य हैं जिन्होंने 'कुमारसंभवम्' की के प्रसंगों की क्रमबद्धता, सुगठित सम्बद्धता एवं सर्गों के पूर्वापर संबंध एवं सुन्दर समावेश को रेखांकित करते हुए बताया है कुमारसंभवम् की रमणीयता इसी पौर्वापर्य अवधान में निहित है। उन्होंने यह भी स्पष्ट किया है कि इनमें प्रसंगों का विधान कालिदास अपनी योजना के अनुसार ही किया। पार्वती शिव से ब्याही जाएगी अतएव कवि ने आरंभ से ही उसे असाधारण रूप में चित्रित किया है। महान विस्तार वाले हिमवान की अमित सुंदरी कन्या के रूप में पार्वती का चित्रण, बचपन से ही पार्वती का शिव की उपासना करना, कामदेव प्रसंग के माध्यम से शिव के ब्याह की आवश्यकता दिखाना, कामदेव का भस्म होना, रति का विलाप, पार्वती की घोर तपस्या - ये सभी प्रकरण पौर्वापर्य संबंध से जुड़े हैं। कालिदास की काव्य की इस विशेषता को एवं इससे पैदा होने वाले काव्यगत सौंदर्य एवं रमणीयता को कुन्तक ने बखूबी विश्लेषित किया है।

'अभिज्ञानशाकुंतलम्' का विश्लेषण कुन्तक की आलोचना पद्धति का नमूना है। इस विश्लेषण में कुन्तक की महत्वपूर्ण उपलब्धि यह थी कि उन्होंने कालिदास द्वारा इस कथा में नए प्रसंगों के उद्भावना को बखूबी पकड़ा है। कुन्तक का मत है कि महाभारत की कहानी कालिदास को अपने पूर्व रूप में ग्राह्य नहीं थी क्योंकि उसमें प्रेम की कोमलता एवं सहजता का अभाव था एवं इस अभाव से नाटक साकार कर उठता। अतएव यहाँ उन्होंने 'मुद्रिका प्रकरण' के माध्यम से एक नवीन उद्भावना की एवं दुर्वासा के शाप की नवीन उद्भावना के माध्यम से राजा के चरित्र को निष्कलुष दिखाने का कार्य किया। कालिदास की इस योजना को स्पष्ट करते हुए कुन्तक ने अपना मत व्यक्त किया है कि कालिदास द्वारा दुष्यंत एवं शकुंतला के दरबार में मिलन के समय दुष्यंत का आकर्षण विकर्षण दिखाया गया है। शकुन्तला जब मुँह से पर्दा उठाती है तो आकृति का हल्का सा आभास, अवचेतन में पूर्व प्रेम की स्मृति एवं बेचैनी अब भी उसके मन में है। यदि शाप न होता तो राजा उसे अवश्य पहचान जाता। इसी प्रकार मुद्रिका मिलने के

की भूमिका पर विचार करने के क्रम में हम पाते हैं कि संस्कृत काव्यशास्त्र में कुन्तक पहले आचार्य हैं जिन्होंने सहृदय पक्ष की दृष्टि से काव्य के व्यापक क्षेत्र पर विचार किया है। आनन्दवर्धन ने उदाहरणों के रूप में प्रायः मुक्तकों का ही प्रयोग किया है। केवल अंतिम प्रकरण में ही उन्होंने महाभारत एवं रामायण जैसे प्रबंध काव्यों के उदाहरण दिए हैं। कुन्तक की व्यावहारिक आलोचना का क्षेत्र आनन्दवर्धन की अपेक्षा अधिक व्यापक है। उन्होंने मुक्तक एवं प्रबंध काव्यों के अतिरिक्त नाटकों (अभिज्ञानशाकुन्तलम्) एवं संस्कृत प्रबंधों को भी अपनी व्यावहारिक आलोचना के दायरे में समेटा है।

एक व्यावहारिक आलोचक/समीक्षक के रूप में कुन्तक ने न केवल क्षेत्रों का विस्तार किया वरन् उन्होंने तुलनात्मक एवं सूक्ष्मविश्लेषण के द्वारा व्यावहारिक आलोचना को गहराई भी प्रदान की। कविकुलगुरु कालिदास के काव्य का जिस संवेदनशीलता, सहृदयता एवं मर्मज्ञता से उन्होंने विश्लेषण किया है वह उनके दृष्टि की सूक्ष्मता एवं आलोचना के सामर्थ्य का ही परिचायक है। कुछ उद्धरणों के माध्यम से उनकी यह प्रतिभा स्पष्ट रूप से विवेचित की जा सकती है।

कालिदास के काव्य में शब्दों के सार्थक एवं औचित्यपूर्ण प्रयोग का सूक्ष्म विश्लेषण उन्होंने इस उद्धरण के माध्यम से किया है –

"भर्तुर्मित्रं प्रियमविधवे विद्धि मामम्बुवाहं
तत्संदेशाद् हृदयनिहितादागतं त्वत्समीपम्।
यो वृन्दानि त्वरयति पथि श्राम्यतां प्रोषितानां
मन्द्रस्निग्धैर्ध्वनिभिरबलावेणिमोक्षोत्सुकानि॥"

ऊपर से साधारण लगने वाली इन पंक्तियों को कुन्तक ने गहरी संवेदनशीलता के साथ विश्लेषित किया है एवं दिखाया है कि इस उद्धरण का प्रत्येक शब्द सार्थक एवं औचित्यपूर्ण है एवं इस उद्धरण में केवल इन्हीं शब्दों से काम चल सकता है। कुन्तक ने बताया है कि इस उद्धरण में 'अविधवे' की सार्थकता इस बात में निहित है कि इसके माध्यम से जलद (बादल) यक्ष की प्रेयसी को इस बात के लिए आश्वस्त करता है कि उसका प्रेमी/पति अभी जीवित है। इसी प्रकार जलद जब स्वयं को यक्ष का प्रिय मित्र कहता है तो इसकी सार्थकता इस बात में निहित है कि वह यक्ष का राजदां है – उसके हृदय की बातें जानता है जो कि एक प्रिय मित्र ही जान सकता है। 'अम्बुवाह' शब्द की सार्थकता जलद के दौत्य कर्म में निहित है। संदेश के हृदय में स्थित होने का निहितार्थ है कि संदेश मौखिक है। थके पथिकों को दौड़ाने की क्षमता का निहितार्थ कठिन से कठिन कार्य कर सकने के सामर्थ्य में है। इसी प्रकार अबला शब्द

के पश्चात कालिदास ने दुष्यंत का जो पश्चात्ताप दिखाया है - वह मात्र विरह वर्णन ही नहीं है वरन शकुंतला के प्रति उसके प्रगाढ़ अनुराग का सूचक है। नाटक में भ्रमर संबंधी प्रसंग भी कवि की नवीन उद्भावना है। कालिदास के काव्य में नवीन प्रसंगों की उद्भावना की यह खोज निःसंदेह कुन्तक की काव्य मर्मज्ञता का एक अनूठा उदाहरण है।

कुन्तक की सहृदय दृष्टि जहाँ एक ओर काव्य के सकारात्मक पक्षों को प्रकट करने में लगी है वहीं दूसरी ओर काव्य के दोषों को वे नजरअंदाज करके नहीं बढ़ जाते हैं। एक व्यावहारिक समीक्षक के रूप में कुन्तक के आलोचना सामर्थ्य का एक पहलू यह भी है कि वे काव्य को अपनेपन अथवा परायेपन अथवा उदासीनता की दृष्टि से नहीं देखते हैं। उनकी आलोचना पद्धति में गुण एवं दोष दोनों को समभाव से देखने की प्रवृत्ति है। इस संबंध में महान कवियों को भी नहीं बख्शते हैं। उनका मत है कि छोटे कवियों के दोषों को क्या दिखाना? किन्तु यदि कालिदास जैसे महान कवि में कोई दोष हो तो उसे अवश्य दिखाना चाहिए। इस प्रकार के दोष को वे 'सुंदर कपड़े का एक कोना जला हुआ हो' - के समान मानते हैं। कालिदास के काव्य 'रघुवंश' में एक दोष की चर्चा करते हुए उन्होंने लिखा है कि दूसरे सर्ग के 54 श्लोक में असंगति है। क्योंकि पद के आरंभिक भाग का तो भाव यह है कि राजा [illegible] यश की कामना को शरीर की कामना से अधिक महत्व देता है जबकि दूसरे भाग में वह कहता है कि यदि गऊओं को देकर ही प्राण बच जाते तो मैं ऐसा कर लेता। कुन्तक का मानना है कि ऐसा भाव आना ही राजा के शासन के उपयुक्त नहीं है। इसी प्रकार 'कुमारसंभवम्' के एक दोष की चर्चा करते हुए कुन्तक ने मत व्यक्त किया है कि कामदेव द्वारा पतिव्रता स्त्रियों के भी पतिव्रत भंग करने की बात कहलवाना कामदेव की देव मर्यादा के प्रतिकूल एवं दोषपूर्ण है।

इस प्रकार 'एक व्यावहारिक समीक्षक/आलोचक के रूप में कुन्तक' के इस विश्लेषण के आधार पर निष्कर्षतः कहा जा सकता है कि व्यावहारिक आलोचना जो कि आधुनिक आलोचना का आभास देती प्रतीत होती है - कुन्तक में मिलती है। एक सिद्धांतकार के रूप में कुन्तक के चिंतन एवं पांडित्य की भले ही जो सीमाएँ हों - भले ही उनके 'वक्रोक्तिजीवित' को मान्यता न मिली हो किन्तु उनकी सहृदयता अथवा मर्मज्ञता असंदिग्ध है। सहृदय दृष्टि से विचार करते हुए कुन्तक ने जहाँ एक ओर आलोचना का दायरा बढ़ाया वहीं दूसरी ओर गुण दोषों का समभाव, सूक्ष्म एवं तुलनात्मक विश्लेषण प्रस्तुत किया। यही कारण है कि व्यावहारिक आलोचक के रूप में कुन्तक संस्कृत काव्यशास्त्र के आचार्यों में शीर्ष स्थान रखते हैं।

=

सौरभ

सेमिनार

I L. 422 H. संस्कृत काव्यशास्त्र

'ध्वनि' से आनन्दवर्धन का आशय

— प्रो. नामवर सिंह

(A)

(12)

श्री [illegible] कुमार
स्नातकोत्तर हिन्दी
द्वितीय सत्र
(A-35 [illegible]
Nanda Nagar

(1) ध्वन्यालोक — आनन्दवर्धन कृत सं. दुर्गाप्रसाद पटेल

(2) ध्वन्यालोक — हि. अनु. — विश्वेश्वर

'ध्वन्यालोक' के प्रथम उद्योत की तेरहवीं कारिका में ध्वनि पर विचार करते हुए आनन्दवर्धन ने लिखा है —

"यत्रार्थः शब्दो वा तमर्थमुपसर्जनीकृतस्वार्थौ। व्यंक्तः काव्य विशेषः स ध्वनिरिति सूरिभिः कथितः।"

यानी— "जहाँ अर्थ अपने को अथवा शब्द अपने अर्थ को गुणीभूत करके उस (प्रतीयमान) को अभिव्यक्त करते हैं, उस काव्य विशेष को विद्वान लोग ध्वनि कहते हैं।" दूसरे शब्दों में ध्वनि से आनन्दवर्धन का आशय ऐसे काव्य विशेष से है जिसमें प्रतीयमान अथवा व्यंग्यार्थ कथित अर्थ अथवा वाच्यार्थ की अपेक्षा प्रधान हो। सूत्र रूप में कहें तो 'व्यंग्यप्राधान्येहिध्वनि।'

यह तो है सूत्र रूप में आनन्दवर्धन की ध्वनि की रूपरेखा। किन्तु ध्वनि की इस परिभाषा तक पहुँचने में आनन्दवर्धन को तेरहवीं कारिका तक का समय लगा था। दूसरी से बारहवीं कारिका तक में वे प्रतीयमान अथवा व्यंग्यार्थ की ही व्याख्या करते रहे। अतएव आनन्दवर्धन के 'ध्वनि' को समझने के लिए प्रतीयमान की व्याख्या एवं विश्लेषण का मर्म समझना होगा।

सबसे पहले विचार इस बात पर कि आनन्दवर्धन ने प्रतीयमान कहा किसे है। ध्वन्यालोक में उन्होंने प्रतीयमान की व्याख्या एक उदाहरण के माध्यम से प्रस्तुत की है —

"प्रतीयमानं पुनरन्यदेव, वस्त्वस्ति वाणीषु महाकवीनाम्।
यत्तत्प्रसिद्धावयवातिरिक्तं, विभाति लावण्यमिवांगनासु।"

अर्थात— जिस प्रकार नारी के रूप में प्रसिद्ध अवयवों के अतिरिक्त एक और वस्तु होती है जिसे लावण्य कहते हैं, उसी प्रकार महाकवियों की वाणी में भी प्रसिद्ध अवयवों के अतिरिक्त एक वस्तु होती है जो 'प्रतीयमान' होती है।

यहाँ आनन्दवर्धन ने 'प्रतीयमान' के संबंध में तीन बातें स्पष्ट की हैं। सर्वप्रथम तो काव्य में 'प्रतीयमान' वस्तु होती है। दूसरे जैसे नारी का लावण्य उसके अंगों से भिन्न होता है उसी तरह 'प्रतीयमान' भी काव्य के प्रसिद्ध अवयवों - अलंकार, गुण, रीति आदि से भिन्न होता है - इन सबके अतिरिक्त होता है। तीसरी बात जो इसमें निहित है वह यह कि यह प्रतीयमान वस्तु हर तरह के काव्य में नहीं पाई जाती वरन केवल महाकवियों के काव्य में प्राप्त है। यहाँ एक बात और भी स्पष्ट हो रही थी कि यह अतिरिक्त वस्तु - प्रतीय-

वस्तु काव्य के किसी विशेष जगह नहीं मिलती है वरन् इसकी प्रतीति होती है ठीक उसी तरह जैसे स्त्री के सौंदर्य की अतिरिक्त वस्तु - उसका लावण्य - उसके अंगों - नाक-कान- अथवा मुँह में से किसी एक जगह निहित नहीं होता है, वह उसके पूरे सौंदर्य में आभासित होता है।

इस प्रतीयमान को स्पष्ट करने के लिए आनन्दवर्धन ने कालिदास की 'मधुराणां आकृतीनां' वाली पंक्ति उद्धृत की जिसमें उन्होंने कहा था कि 'मधुर आकृति' पर - सुंदर सुडौल शरीर पर कुछ भी धारण करें वह अच्छा ही लगेगा। आनन्दवर्धन ने कहा कि काव्य के संदर्भ में यह 'मधुर आकृति' ही प्रतीयमान वस्तु है। काव्य में अलंकार, गुण, रीति आदि आदि कई सुंदर आभूषण हैं - अवयव हैं। किन्तु जिस तरह 'मधुर आकृति', धारण करने वाले परिधानों के कारण सुंदर नहीं लगती है उसी प्रकार इन अलंकारों अवयवों के कारण काव्य भी सुंदर नहीं होता है - सौंदर्यवान नहीं होता है। काव्य में सौंदर्य आता है उसमें प्रतीयमान निहित अर्थ के कारण। यदि काव्य में वह प्रतीयमान अर्थ है तो उस पर अन्य अलंकरण भी शोभेंगे। कहने का तात्पर्य था कि <u>प्रतीयमान ही काव्य की आत्मा है</u> क्योंकि काव्य में सौंदर्य का मूल यही है।

प्रतीयमान का स्वरूप कैसा है - यह वस्तुनिष्ठ है अथवा विषयनिष्ठ, सब्जेक्टिव है या आब्जेक्टिव। इस पर विचार करते हुए आनन्दवर्धन ने दो शब्दों का प्रयोग किया - चारु एवं आह्लाद। उन्होंने कहा कि <u>प्रतीयमान में आह्लादक-चारुता होती है</u>। चारु शब्द सौन्दर्य के लिए प्रयुक्त होते हुए भी अपना एक विशिष्ट अर्थ रखता है। आनन्दवर्धन ने सौंदर्य एवं चारुता में अंतर किया है। उनके अनुसार हर प्रकार का सौंदर्य चारु नहीं हो सकता। केवल वही सौन्दर्य चारु है जिससे सहृदय को आह्लाद प्राप्त हो - जो उसका आनन्दवर्धन कर सके। इस प्रकार आनन्दवर्धन के प्रतीयमान में निहित आह्लादक-चारुता केवल वस्तुनिष्ठ नहीं रहा - अंशतः वस्तुनिष्ठ हो गया - अंशतः विषयनिष्ठ।

यहाँ उल्लेख्य है कि आनन्दवर्धन का मत था कि काव्य में चारुता तो 'उक्तिनोचित सन्निवेश' अथवा रचनाप्रपंच सन्निवेश के द्वारा पैदा की जा सकती है किन्तु बिना आह्लाद उत्पन्न करने वाली - सहृदय का आनन्दवर्धन करने वाली 'अतिरिक्त वस्तु' (अन्यत एव) इसे प्रतीयमान अर्थ नहीं कहा जा सकता। कहने का तात्पर्य है कि काव्य में

अलंकार- गुण रीतियों आदि के द्वारा काव्य को चाहे जो बनाया जाता है पर आह्लाद उत्पन्न करने वाली एक अतिरिक्त वस्तु होती है जो प्रतीयमान होती है। इस प्रकार काव्य में सभी पूर्वों का समावेश करते हुए भी आनन्दवर्धन ने काव्य की आत्मा प्रतीयमान अर्थ को ही माना।

'प्रतीयमान' के एक अन्य स्वरूप पर प्रकाश डालते हुए आनन्दवर्धन ने इसे सहृदयश्लाघ्य अर्थ कहा। यानी महाकवियों की वाणी में जो अतिरिक्त भाव है वह केवल सहृदयों के द्वारा ही भोगन किया जा सकता है। इसी विशेषता के कारण संभवत: इस ग्रंथ का आरंभिक नाम भी 'सहृदयालोक' ही था।

प्रतीयमान के लिए आनन्दवर्धन ने एक अन्य शब्द प्रयुक्त किया है - व्यंग्यार्थ। आनन्दवर्धन के पूर्व के काव्यशास्त्रियों ने मुख्य रूप शब्द एवं शब्द की शक्तियों पर विचार करते हुए अभिधा एवं लक्षणा - वाच्यार्थ एवं लक्ष्यार्थ की स्थापना की थी। मीमांसकों ने अलग से एक तात्पर्य वृत्ति भी खोज निकाली थी। आनन्दवर्धन ने अर्थ की दृष्टि से विचार किया एवं कहा कि काव्य में एक ऐसा भी अर्थ है जो वाच्यार्थ एवं लक्ष्यार्थ दोनों से भिन्न एवं अतिरिक्त है। यह अर्थ प्रतीयमान अर्थ व्यंग्यार्थ है जो कि कथित नहीं व्यंजित होता है - व्यंजना व्यापार द्वारा। अतएव इसकी प्रतीति होती है यह आर्भासित होता है।

व्यंग्यार्थ वाच्यार्थ एवं लक्ष्यार्थ भिन्न एवं अतिरिक्त होता है तथा कथित नहीं होता है यह दिखाते के लिए आनन्दवर्धन ने प्राकृत गाथाओं से कई उदाहरण दिए।

"भम धम्मिअ वीसत्थो सो सुणओ अज्ज मारिओ देण।

गोलाणइकच्छकुडुंगवासिणा दरिअसीहेण।"

हाल की गाहासत्तसई से लिए गए इस उद्धरण का वाच्यार्थ है कि हे धार्मिक अब निडर होकर घूमो क्योंकि जिस कुत्ते से तुम डरते थे वह सिंह के द्वारा मार डाला गया।

किन्तु यहाँ व्यंग्यार्थ यहाँ वाच्यार्थ से भिन्न एवं अतिरिक्त है।- व्यंग्यार्थ है कि अब मत घूमिए क्योंकि पहले तो आप कुत्ते से ही डरते थे अब उसे मारकर उससे भी भयानक सिंह आ गया है। यहाँ यह बात कथित नहीं है- प्रतीयमान है।

इसी प्रकार एक दूसरे उदाहरण - 'अत्ता

एवं निमज्जइ - - - - . . . . . ——— निमज्जहिसि।" में भी कुछ इसी प्रकार की स्थिति है। पुरुष के विरह में व्याकुल स्त्री कहती है कि - यहाँ मेरी सास सोती है और यहाँ मैं सोती हूँ। इसलिए दिन में ही अच्छी तरह देख लो। हे रतौंधी वाले पथिक् गलती से मेरी सेज पर न गिर पड़ना। इस उदाहरण में भी वाच्यार्थ है कि मत गिरो जबकि व्यंग्यार्थ है कि जरूर गिर पड़ना।

उपरोक्त दोनों उदाहरणों में विधि वाचक शब्द क्रमशः घूमो एवं मत गिरना हैं जबकि निषेध है कि मत घूमो एवं जरूर गिर पड़ना यह अर्थ न तो उदाहरण से प्रत्यक्ष रूप से व्यक्त हुआ है एवं न ही लक्षणा द्वारा निकला है। यह अर्थ आक्षिप्त एवं प्रतीयमान अर्थ है। यह अर्थ व्यापार व्यंजकत्व अथवा व्यंजना व्यापार द्वारा सामने आया है। आनन्दवर्धन ने इसी व्यापार व्यंजकत्व से प्राप्त होने वाले तत्व को व्यंग्यार्थ कहा है।

व्यंग्यार्थ के स्वरूप पर विचार करते हुए आनन्दवर्धन ने कहा है कि वह वस्तु - अलंकार एवं रस तीनों में हो सकता है। इस प्रकार आनन्दवर्धन ने व्यंग्यार्थ के अन्दर तीनों का समाहार कर लिया जिससे व्यंग्यार्थ का अर्थ व्यापक हो गया एवं वह सभी प्रकार के अर्थ पर विचार कर सकता था।

आनन्दवर्धन ने व्यंग्यार्थ को काव्यात्मा कहा है। चूँकि यह व्यंग्यार्थ कथित नहीं है, ध्वनित हुआ है अतएव उन्होंने कहा कि काव्यात्मा ध्वनित होती है।

आनन्दवर्धन की इस मान्यता पर टीका करते हुए 'लोचन' में अभिनवगुप्त पादाचार्य ने एक ऐसी स्थापना कर डाली कि आनन्दवर्धन की पूरी मान्यता ही बदल गई। उन्होंने उपरोक्त कथन के आधार पर समीकरण तैयार किया कि - काव्य की आत्मा ध्वनि है। एवं व्यंग्यार्थ भी काव्यात्मा ही है। इसलिए व्यंग्यार्थ ही ध्वनि है।

यहाँ ध्यान देने योग्य तथ्य दोनों मान्यताओं में मूलभूत अंतर है। कई बार समर्थ टीकाकार मूलभावों को स्पष्ट करते - करते उसे बदल ही देता है। आनन्दवर्धन के ध्वनि सिद्धांत के साथ भी यही हुआ। व्याख्याकार 'लोचन' में समर्थ टीकाकार अभिनवगुप्त ने आनन्दवर्धन के ध्वनि की व्याख्या पर अपनी मान्यता इस प्रकार आरोपित की कि इसका मूल स्वरूप ही परिवर्तित हो गया। बाद में लोचन को इतनी प्रसिद्धि प्राप्त हुई की धीरे - धीरे लोग

आनन्दवर्धन द्वारा दिए गए ध्वनि सिद्धांत के स्थान पर अभिनवगुप्त की टीका को ही आत्मसात करते गए। कहना न होगा कि इस प्रकार धीरे-धीरे अभिनवगुप्त का बैठाया गया समीकरण ही आनन्दवर्धन का ध्वनि सिद्धांत माना जाने लगा।.

जबकि वस्तुस्थिति यह है कि पूरे ध्वन्यालोक में कहीं भी आनन्दवर्धन ने व्यंग्य एवं ध्वनि को पर्याय नहीं माना है। कहीं भी उन्होंने यह नहीं कहा है कि जिस काव्य में व्यंग्य होगा उसमें ध्वनि होगी ही। व्यंग्यार्थ को ही ध्वनि मान लेने की विचारधारा अभिनवगुप्त की अपनी विचारधारा थी जिसे कि अपने सामर्थ्य के बल पर उन्होंने आनन्दवर्धन के ध्वनि सिद्धांत पर समीकरण द्वारा आरोपित किया था।.

ध्वन्यालोक को 'लोचन' के पूर्वाग्रह से मुक्त होकर देखें तो यह बात बड़े साफ तौर पर उभरती है कि आनन्दवर्धन की मान्यता थी कि किसी काव्य में ध्वनि का होना इस बात पर निर्भर करता है कि व्यंग्यार्थ का काव्य में स्थान क्या है। अर्थात वह प्रधान है या गौण। आनन्दवर्धन की जो परिभाषा इसके आरंभ में उद्धृत की है उसका मर्म इसी संदर्भ में स्पष्ट होता है। 'यत्रार्थः शब्दो वा - - - ' से स्पष्ट है कि आनन्दवर्धन की मान्यता यह थी कि काव्य में जहाँ व्यंग्यार्थ वाच्यार्थ की अपेक्षा प्रधान हो वही ध्वनि है। स्पष्ट है कि व्यंग्य या व्यंग्यार्थ ही ध्वनि नहीं है वरन काव्य में व्यंग्य की प्रधानता ही ध्वनि है - 'व्यंग्यप्रधानोऽयं ध्वनि' इसी मान्यता को स्पष्ट करती है। इस प्रकार यदि आनन्दवर्धन के अपने सिद्धांत से समीकरण निकाला जाए तो - वह काव्य ध्वनि है जहाँ व्यंग्य की प्रधानता हो।.

यहाँ एक बात उल्लेखनीय है कि ध्वनि की यह मान्यता पूर्व में भी विद्यमान थी - ऐसा उल्लेख आनन्दवर्धन के ग्रंथ में कई बार हुआ। संस्कृत में यह मान्यता वस्तुतः पहले व्याकरण के क्षेत्र में प्रतिष्ठित थी एवं इसे ही भर्तृहरि ने वाक्यपदीय में 'स्फोट' की संज्ञा दी थी। मान्यता थी कि जिस प्रकार बिजली कौंधने पर पहले चमक दिखाई देती है बाद में 'स्फोट' अथवा ध्वनि सुनाई देती है उसी प्रकार काव्य सुनने पर पहले पदों का रूप सामने आता है - आलोकित होता है उसके पश्चात उसका उसका अर्थ ध्वनित होता है। ध्वनि की इस परिकल्पना को व्याकरण के क्षेत्र से काव्य के क्षेत्र में स्थापित करने का श्रेय आनन्दवर्धन को ही है।

आस्वाद की दृष्टि से आनन्दवर्धन ने इस 'स्फोट'

को संलक्ष्यक्रम एवं असंलक्ष्यक्रम के रूप में विभाजित किया। उन्होंने कहा कि यह स्फोट सबको दिखाई नहीं पड़ता है। यह केवल सहृदयों के दिमाग में ही आएगा एवं संयोग के रूप में आएगा। यदि इस दशा में क्रम दिखाई पड़े यानी वाच्यार्थ से लक्ष्यार्थ एवं लक्ष्यार्थ से व्यंग्यार्थ के क्रम हो तो इसे उन्होंने संलक्ष्यक्रम कहा। यदि इस संयोग में कोई क्रम न दिखाई पड़े तो उसे असंलक्ष्यक्रम कहा। उन्होंने इन दोनों में दूसरे को बेहतर माना।

आनन्दवर्धन की ध्वनि से ही संबंधित एक सवाल और भी है कि क्या आनन्दवर्धन गुणीभूतव्यंग्य को ध्वनि मानते थे अथवा नहीं। आनन्दवर्धन ने ध्वन्यालोक में बताया है कि यदि काव्य में व्यंग्य की प्रधानता हो तब तो ध्वनि होती है किन्तु यदि व्यंग्य वाच्य की अपेक्षा गौण हो तो उसे उन्होंने गुणीभूत व्यंग्य की संज्ञा दी। ध्वन्यालोक को 'लोचन' के चश्मे से देखने वाले एवं व्यंग्यार्थ को ही ध्वनि मानने वाले विचार के समर्थक विद्वान मानते हैं कि आनन्दवर्धन ने गुणीभूत व्यंग्य को भी ध्वनि ही माना था। किन्तु ध्वन्यालोक को पूर्वाग्रह दृष्टि से मुक्त होकर देखा जाए तो हम पाते हैं कि आनन्दवर्धन ने ध्वनि काव्य से इतर काव्यों की भी चर्चा की है एवं गुणीभूत काव्य एवं चित्र काव्य के रूप में उन्हें प्रस्तुत किया है किन्तु उनके मानक में ध्वनि ही काव्य है। वस्तुतः आनन्दवर्धन काव्य मात्र पर चर्चा नहीं कर रहे थे, काव्य विशेष का मानक स्थिर करने के लिए ही उन्होंने ध्वन्यालोक लिखा। अतएव उन्होंने काव्य में व्यंग्य की प्रधानता अथवा गौणता को आधार बनाकर काव्य का ग्रेडेशन नहीं किया। काव्य को बाद में मम्मट ने ग्रेडेशन के आधार पर उत्तम मध्यम-अधम कोटियों में विभाजित किया। किन्तु आनन्दवर्धन अपनी इस मान्यता में पूरी तरह स्पष्ट थे कि काव्य में व्यंग्य की प्रधानता होगी तो 'ध्वनि' होगा अन्यथा नहीं।

इस प्रकार स्पष्ट है कि 'ध्वनि' से आनन्दवर्धन का आशय ऐसे काव्य से था जिसमें व्यंग्य प्रधान हो, वाच्य गौण हो और व्यंग्य असंलक्ष्यक्रम में हो जिसकी परिणति रस में हो। वे व्यंग्यार्थ की प्रधानता में ही ध्वनि मानते हैं एवं उनके मानक में ध्वनि ही काव्य है।

सत्र 1991-93 एम.ए. हिन्दी

नामवर जी का अंतिम कक्षा अध्यापन सत्र

प्रथम पंक्ति : बाएँ से आशुतोष कुमार, राजीव रंजन, अनुराग अग्निहोत्री, सूरज बहादुर थापा, मधुप कुमार, अच्युता नंद झा, शैलेश कुमार
दूसरी पंक्ति : आभा, सुनन्दा पराशर, कमलानंद झा, शैलेन्द्र उपाध्याय, कृष्णकांत निराला
तीसरी पंक्ति : रीता, गुरुवर, विदिशा अग्रवाल, रुचिता सहाय
(आशुतोष जी हमसे एक बैच सीनियर थे। आभा समाजशास्त्र की छात्रा थीं जिन्होंने एक पेपर के रूप में संस्कृत काव्यशास्त्र लिया था। हमारे बैच के मित्रवर अनिल कुमार सिंह जो बैच में मर्मज्ञ के नाम से विख्यात थे, किसी कारणवश उस दिन दिल्ली से बाहर थे। इसका मलाल उन्हें ताउम्र रहेगा।)

गुरुवर वर्ग विदाई समारोह

बाएँ से शैलेश कुमार, अनुराग अग्निहोत्री, गुरुवर, मधुप कुमार, आशुतोष कुमार